AF556411

1000
कलाम
प्रश्नोत्तरी

ज्ञान का विश्वकोश : प्रश्नोत्तरी श्रृंखला

- 1000 स्वामी विवेकानंद प्रश्नोत्तरी
- 1000 गांधी प्रश्नोत्तरी
- 1000 कलाम प्रश्नोत्तरी
- 1000 जीव-जंतु प्रश्नोत्तरी
- 1000 भूगोल प्रश्नोत्तरी
- 1000 इतिहास प्रश्नोत्तरी
- 1000 स्वाधीनता संग्राम प्रश्नोत्तरी
- 1000 हिंदी साहित्य प्रश्नोत्तरी
- 1000 खेलकूद प्रश्नोत्तरी
- 1000 गणित प्रश्नोत्तरी
- 1000 भौतिक विज्ञान प्रश्नोत्तरी
- 1000 रसायन विज्ञान प्रश्नोत्तरी
- 1000 पर्यावरण प्रश्नोत्तरी
- 1000 खगोल विज्ञान प्रश्नोत्तरी
- 1000 विज्ञान प्रश्नोत्तरी
- 1000 रामायण प्रश्नोत्तरी
- 1000 महाभारत प्रश्नोत्तरी
- 1000 हिंदू धर्म प्रश्नोत्तरी
- 1000 महापुरुष प्रश्नोत्तरी
- 1000 भारतीय संस्कृति प्रश्नोत्तरी
- 1000 फिल्म प्रश्नोत्तरी
- 1000 राजनीति प्रश्नोत्तरी
- 1000 संविधान प्रश्नोत्तरी
- 1000 संगीत प्रश्नोत्तरी
- 1000 समाजशास्त्र प्रश्नोत्तरी
- 1000 भारत ज्ञान प्रश्नोत्तरी
- 1000 हिंदी वस्तुनिष्ठ प्रश्नोत्तरी
- 1000 कंप्यूटर-इंटरनेट प्रश्नोत्तरी
- 1000 वास्तुशास्त्र प्रश्नोत्तरी
- 1000 सामान्य ज्ञान प्रश्नोत्तरी
- 1000 अर्थशास्त्र प्रश्नोत्तरी
- 1000 पत्रकारिता एवं जनसंचार प्रश्नोत्तरी
- 1000 दिल्ली प्रश्नोत्तरी
- 1000 उत्तराखंड प्रश्नोत्तरी
- 1000 मध्य प्रदेश प्रश्नोत्तरी
- 1000 बिहार प्रश्नोत्तरी
- 1000 झारखंड प्रश्नोत्तरी
- 1000 उत्तर प्रदेश प्रश्नोत्तरी
- सचिन तेंदुलकर प्रश्नोत्तरी
- अंतरिक्ष प्रश्नोत्तरी
- डायबिटीज प्रश्नोत्तरी
- स्वास्थ्य प्रश्नोत्तरी

1000 कलाम प्रश्नोत्तरी

अनीता गौड़

सत्साहित्य प्रकाशन, दिल्ली

प्रकाशक : सत्साहित्य प्रकाशन,
694–ए, (पहली मंजिल) चावड़ी बाजार, दिल्ली–110006
सर्वाधिकार : सुरक्षित / संस्करण : 2024 / मूल्य : चार सौ रुपए
मुद्रक : जयलक्ष्मी प्रिंटिंग प्रेस, दिल्ली ISBN 978-81-7721-167-2

1000 KALAM PRASHNOTTARI *by* Smt. Anita Gaur ₹ 400.00
Published by **Satsahitya Prakashan**, 694-A, (First Floor)
Chawri Bazar, Delhi-110006

भूमिका

एक महान् विचारक, विद्वान्, विज्ञानविद् और उच्चकोटि के मनुष्य, भारत के 11वें राष्ट्रपति डॉ. ए.पी.जे. अब्दुल कलाम एक ख्याति-प्राप्त वैज्ञानिक इंजीनियर, जिन्होंने भारत को उन्नत देशों की अग्रिम पंक्ति में लाने के लिए प्रक्षेपण यानों तथा मिसाइल प्रौद्योगिकी के क्षेत्र में उल्लेखनीय योगदान किया है।

अब्दुल कलाम एक तपस्वी होने के साथ-साथ एक कर्मयोगी भी हैं। जो अपनी लगन, कड़ी मेहनत और कार्यप्रणाली के बल पर असफलताओं को झेलते हुए आगे बढ़ते गए। अपनी उपलब्धियों के दम पर आज वे अंतरराष्ट्रीय वैज्ञानिकों में से एक हैं।

प्रारंभिक जीवन में अभाव के बावजूद वे किस तरह राष्ट्रपति के पद तक पहुँचे, यह बात हम सभी के लिए प्रेरणास्पद है। उनकी शालीनता, सादगी और सौम्यता किसी महापुरुष से कम नहीं है। हममें से अनेक लोग उनके जीवन से बहुत प्रभावित हैं। हम उनको अपना आदर्श मानते हैं।

डॉ. कलाम बच्चों तथा युवाओं में बहुत लोकप्रिय हैं। हम सब आदर से उन्हें 'मिसाइल मैन' पुकारते हैं। अपने सहयोगियों के प्रति स्नेह एवं प्रेमभाव के लिए कुछ लोग उन्हें 'वेल्डर ऑफ पीपुल' भी कहते हैं। परिवारजन तथा बचपन के मित्रजन उन्हें 'आजाद' कहकर पुकारते थे।

डॉ. कलाम के दर्शन-सिद्धांत बेहद प्रभावशाली हैं—

1. जो लोग जिम्मेदार, सरल, ईमानदार एवं मेहनती होते हैं, उन्हें ईश्वर द्वारा विशेष सम्मान मिलता है। क्योंकि वे इस धरती पर उसकी श्रेष्ठ रचना हैं।
2. दूसरो के जीवन में उजाला लाओ।

3. दूसरों का आशीर्वाद प्राप्त करो, माता-पिता की सेवा करो, बड़ों तथा शिक्षकों का आदर करो और अपने देश से प्रेम करो, इन सबके बिना जीवन अर्थहीन है।
4. देना सबसे उच्च एवं श्रेष्ठ गुण है, परंतु उसे पूर्णता देने के लिए उसके साथ क्षमा भी होनी चाहिए।
5. कम-से-कम दो गरीब बच्चों को आत्मनिर्भर बनाने के लिए उनकी शिक्षा में मदद करो।
6. सरलता और परिश्रम का मार्ग अपनाओ, जो सफलता का एकमात्र रास्ता है।
7. प्रकृति से सीखो, यहाँ सीखने को बहुत कुछ है।
8. हमें मुसकराहट का परिधान जरूर पहनना चाहिए तथा उसे सुरक्षित रखने के लिए अपनी आत्मा को गुणों का परिधान पहनाना चाहिए।
9. समय, धैर्य तथा प्रकृति—ये सभी प्रकार की पीड़ाओं को दूर करने और सभी प्रकार के जख्मों को भरने वाले बेहतर चिकित्सक हैं।
10. अपने जीवन में उच्च एवं श्रेष्ठ लक्ष्य रखो और उसे प्राप्त करो।
11. प्रत्येक क्षण रचनात्मकता का क्षण है, उसे व्यर्थ मत जाने दो।

अब्दुल कलाम सादा जीवन, उच्च विचार तथा कड़ी मेहनत के उद्‌देश्य को मानने वाले ऐसे महापुरुष हैं, जिन्होंने सभी गुणों को अपने जीवन में निरंतर जिया भी है। उनका कहना है—

''सपने देखना बेहद जरूरी है, लेकिन सपने देखकर ही उसे हासिल नहीं किया जा सकता। सबसे ज्यादा जरूरी है, जिंदगी में खुद के लिए कोई लक्ष्य तय करना।''

मित्रो, हम सब अगर उपर्युक्त बातों को समझें और जीवन में उतारें तो अपने-अपने उद्‌देश्य में सफल हो सकते हैं।

अनुक्रमणिका

डॉ. कलाम का बचपन

1. डॉ. ए.पी.जे. अब्दुल कलाम का जन्म किस राज्य में हुआ?
   (क) तमिलनाडु (ख) केरल
   (ग) कर्नाटक (घ) आंध्र प्रदेश
2. डॉ. ए.पी.जे. अब्दुल कलाम का जन्म किस कस्बे में हुआ?
   (क) मदुरै (ख) रामेश्वरम्
   (ग) तिरुपति (घ) हासन
3. डॉ. ए.पी.जे. अब्दुल कलाम के पिता का नाम बताइए।
   (क) पाकिर (ख) अब्दुल
   (ग) जैनुलाबदीन (घ) हामिद
4. डॉ. ए.पी.जे. अब्दुल कलाम के पिता कितने पढ़े-लिखे थे?
   (क) कक्षा 10 तक (ख) कक्षा 12 तक
   (ग) पत्राचार शिक्षा (घ) केवल अनौपचारिक शिक्षा
5. डॉ. ए.पी.जे. अब्दुल कलाम की माताजी का नाम क्या था?
   (क) आशियम्मा (ख) जरीना
   (ग) तबस्सुम (घ) फातिमा
6. डॉ. ए.पी.जे. अब्दुल कलाम की माता कैसी महिला थीं?
   (क) कामकाजी महिला (ख) घरेलू महिला
   (ग) शिक्षिका (घ) अत्याधुनिक
7. रामेश्वरम् की किस गली में उनका निवास था?
   (क) मंदिरवाली गली (ख) मुहल्ला मीना बाजार
   (ग) मसजिदवाली गली (घ) चौखंडी गली

उत्तर के लिए कृपया पृष्ठ सं. 160 देखें।

8. डॉ. ए.पी.जे. अब्दुल कलाम बचपन में किस पर रखकर खाना खाते थे?
   (क) अल्युमिनियम की प्लेट में (ख) काँच की प्लेट में
   (ग) नारियल के पत्ते पर (घ) केले के पत्ते पर
9. रामेश्वरम् के प्रसिद्ध तीर्थस्थल शिव मंदिर से उनके घर की दूरी कितनी थी?
   (क) पैदल 10 मिनट (ख) पैदल एक घंटा
   (ग) साइकिल से 10 मिनट (घ) बस से 15 मिनट
10. रामेश्वरम् मंदिर के तत्कालीन मुख्य पुजारी कौन थे?
   (क) पं. कृष्ण अय्यर (ख) पं. लक्ष्मण शास्त्री
   (ग) पं. रामकृष्ण अय्यर (घ) पं. चिदंबरम
11. अब्दुल कलाम के पिता की दिनचर्या कैसे शुरू होती थी?
   (क) सुबह 4 बजे मंदिर जाने के साथ
   (ख) सुबह अखबार बेचने के साथ
   (ग) सुबह 4 बजे नमाज पढ़ने के साथ
   (घ) सुबह 4 बजे मछली बाजार जाने के साथ
12. उनके पिता प्रात:काल में क्या कारोबार करते थे?
   (क) मछली बेचने का (ख) अखबार बेचने का
   (ग) अंडा बेचने का (घ) नारियल तोड़ने का
13. उनके पिता के द्वारा नौकाएँ किनके लिए बनाई जाती थीं?
   (क) मछली पकड़नेवालों के लिए (ख) तीर्थयात्रियों के लिए
   (ग) व्यापारियों के लिए (घ) सैनिकों के लिए
14. डॉ. अब्दुल कलाम की बड़ी बहन का नाम क्या था?
   (क) शकीना (ख) जीनत
   (ग) मुमताज (घ) जोहरा
15. बड़ी बहन के पति यानी उनके बहनोई का क्या नाम था?
   (क) अहमद जलालुद्दीन (ख) अहमद एकबाल
   (ग) जफर अहमद (घ) अजहरुद्दीन
16. डॉ. कलाम की बाल्यावस्था के दौरान तूफान में उनके कस्बे का कौन सा नजदीकी पुल टूट गया था?
   (क) कालसान पुल (ख) पामबान पुल
   (ग) जेबाजान पुल (घ) अकना पुल

उत्तर के लिए कृपया पृष्ठ सं. 160 देखें।

17. अहमद जलालुद्दीन (बहनोई) कलाम से कितने बड़े थे?
(क) करीब आठ साल (ख) करीब दस साल
(ग) करीब पंद्रह साल (घ) करीब सत्रह साल

18. न्यूयॉर्क में स्वामीजी के व्याख्यानों की सफलता तथा उनके व्याख्यानों में उमड़ती भीड़ को देखकर न्यूयॉर्क के अखबारों ने उन्हें कैसा वक्ता बताया था?
(क) सौम्य वक्ता (ख) अद्वितीय वक्ता
(ग) मौलिक वक्ता (घ) तूफानी वक्ता

19. जलालुद्दीन कलाम को किस नाम से पुकारते थे?
(क) कलाम (ख) अबुल
(ग) पाकिर (घ) आजाद

20. रामेश्वरम् की परिक्रमा के पश्चात् कलाम खुद को कैसा महसूस करते थे?
(क) शारीरिक तौर पर ऊर्जावान (ख) अकेला
(ग) अत्यधिक धार्मिक (घ) ईश्वरभक्त

21. डॉ. कलाम को बाल्यावस्था के दौरान अंग्रेजी कौन पढ़ाते थे?
(क) कमरुद्दीन (ख) जलालुद्दीन
(ग) जफर साहब (घ) मौलाना साहब

22. उस समय रामेश्वरम् में किसके पास निजी पुस्तकालय था?
(क) कुट्टीपुलकम (ख) सी.आर. अय्यर
(ग) एस.टी.आर. मानिकम (घ) रामनाथन

23. डॉ. कलाम के बाल-जीवन पर उनके किस चचेरे भाई का गहरा प्रभाव पड़ा?
(क) भाई तहरुद्दीन (ख) भाई आफताब
(ग) भाई कादिर (घ) भाई शम्सुद्दीन

24. शम्सुद्दीन किस चीज का कारोबार करते थे?
(क) अखबारों के एकमात्र वितरक थे
(ख) नौका बनाने का
(ग) फूलमाला बनाने का
(घ) प्रसाद बनाने का

25. रामेश्वरम् में अखबारों की कितनी प्रतियाँ बिक जाया करती थीं?
(क) 500 प्रतियाँ (ख) 1,000 प्रतियाँ
(ग) 1,500 प्रतियाँ (घ) 2,000 प्रतियाँ

उत्तर के लिए कृपया पृष्ठ सं. 160 देखें।

26. वहाँ सबसे ज्यादा कौन सा अखबार प्रचलित था?

(क) विश्वमित्र (ख) संवाद वार्त्ता

(ग) दिनमणि (घ) नीलकंठ

27. द्वितीय विश्वयुद्ध की शुरुआत में डॉ. कलाम की उम्र क्या थी?

(क) पाँच साल (ख) छह साल

(ग) सात साल (घ) आठ साल

28. द्वितीय विश्वयुद्ध में आपातकाल के दौरान रामेश्वरम् सबसे पहले किस कारण प्रभावित हुआ?

(क) रामेश्वरम् स्टेशन पर गाड़ी का ठहरना बंद हो गया

(ख) रामेश्वरम् में अखबार आना बंद हो गया

(ग) मछली बाजार को बंद कर दिया गया

(घ) उपर्युक्त सभी

29. अब्दुल कलाम को अपने जीवन का प्रथम पारिश्रमिक कैसे मिला?

(क) सुबह-सुबह अखबार बेचने से

(ख) चलती ट्रेन से गिराए जानेवाले अखबारों के बंडल एकत्र करने से

(ग) नौका चालन से

(घ) नारियल बेचने से

30. अब्दुल कलाम को अपनी पहली तनख्वाह किस व्यक्ति से हासिल हुई?

(क) जफर इकबाल से (ख) आफताब से

(ग) भाई शम्सुद्दीन से (घ) तैयबजी से

31. रामेश्वरम् में 'रामतीर्थ' से क्या अभिप्राय था?

(क) एक शिव मंदिर

(ख) एक धर्मशाला

(ग) एक शाकाहारी भोजनालय

(घ) तालाब के बीच में स्थित विवाह-स्थल

32. रामेश्वरम् में डॉ. कलाम के विज्ञान के शिक्षक कौन थे?

(क) सुब्रह्मण्यम अय्यर

(ख) रामनाथन

(ग) आर. रामचंद्रम

(घ) सी.के. शास्त्री

उत्तर के लिए कृपया पृष्ठ सं. 160 देखें।

33. माध्यमिक शिक्षा हेतु कलाम का दाखिला किस स्कूल में हुआ?
(क) रामेश्वरम् के उर्दू हाई स्कूल में
(ख) रामनाथपुरम् के श्वाट्र्ज हाई स्कूल में
(ग) चेन्नई के जिला स्कूल में
(घ) चेन्नई के कॉन्वेंट स्कूल में

34. रामनाथपुरम् कस्बे की आबादी लगभग कितनी थी?
(क) लगभग 10,000 (ख) लगभग 15,000
(ग) लगभग 50,000 (घ) लगभग 70,000

35. डॉ. कलाम के जीवन का सबसे दु:खद क्षण कौन सा था?
(क) जातिगत भेदभाव
(ख) बहनोई की मृत्यु
(ग) प्रो. विक्रम साराभाई का निधन
(घ) तीन माह के भीतर परिपक्व आयु (103 और 93 वर्ष में) में माता पिता का गुजर जाना

36. एयरोनॉटिक्स में जाने की प्रेरणा डॉ. कलाम को किससे मिली?
(क) उनके पिता से
(ख) उनकी माता से
(ग) उनके सभी रिश्तेदारों से
(घ) उनके प्राइमरी शिक्षक श्री सुब्रह्मण्यम अय्यर से

37. "निष्ठा और आत्मविश्वास से तुम अपनी नियति बदल सकते हो।" डॉ. कलाम को ये शब्द किसने कहे थे?
(क) पं. लक्ष्मण शास्त्री ने
(ख) रामकृष्ण अय्यर ने
(ग) प्रो. राव ने
(घ) उनके हाई स्कूल के शिक्षक अन्नादुरै सोलोमन ने

38. कलाम के सबसे बड़े भाई का नाम क्या था?
(क) मुस्तफा कलाम
(ख) जैनाब्दुल कलाम
(ग) अबुल कलाम
(घ) पकीर कलाम

उत्तर के लिए कृपया पृष्ठ सं. 160 देखें।

39. डॉ. कलाम के बचपन के सबसे घनिष्ठ तीन मित्रों के नाम हैं—
(क) जलालुद्दीन, सुब्रमण्यम अय्यर और पंछी शास्त्री
(ख) रामनाथ शास्त्री, अरविंदन और शिव प्रकाशन
(ग) शम्सुद्दीन, मुस्तफा कलाम और कासिम मोहम्मद
(घ) लक्ष्मण शास्त्री, रामनाथ शास्त्री और अरविंदन

40. अब्दुल कलाम का परिवार किस दर्शन में विश्वास रखता था?
(क) सादा जीवन, उच्च विचार के दर्शन में
(ख) गरीबी हटाओ, परिवार बचाओ के दर्शन में
(ग) प्रतियोगिता करो और ऊँचाई पाओ के दर्शन में
(घ) प्रतियोगिता से अधिक सर्वोदय के दर्शन में

41. अब्दुल कलाम के अनुसार ईमानदारी और अनुशासन की सीख उन्हें किससे मिली?
(क) पिता से (ख) माँ से
(ग) चाचा से (घ) बहन से

42. अच्छाई में विश्वास और पंक्तिबद्ध सीख कलाम को किसने दी?
(क) उनके पिता ने (ख) उनके चाचा ने
(ग) उनकी बहन ने (घ) उनकी माँ ने

43. रामेश्वरम् में सागर के ऊपर कतारों में उड़ते सारसों को देखकर कलाम के मन में क्या विचार आता था?
(क) काश, मेरे भी पंख होते और मैं उड़ सकता
(ख) मनुष्य इनकी तरह क्यों नहीं उड़ सकता
(ग) एक दिन मैं भी इन पक्षियों की तरह आकाश में उड़ान भरूँगा
(घ) आकाश में उड़ते पक्षी कितने सुंदर लगते हैं

44. हम उस अनंत सत्ता से सीधे जुड़े हैं, जिसे हम जानते तक नहीं हैं, ऐसा विश्वास अब्दुल कलाम को किससे मिला?
(क) अबुल साहब से (ख) अहमद जलालुद्दीन से
(ग) जैनुलाबदीन से (घ) श्रीमती जोहरा से

45. कलाम कहते हैं, सच्चे मन से विश्वास के साथ प्रार्थना चाहे मंदिर में की जाए या मसजिद में, वह सर्वशक्तिमान एवं सर्वव्यापी ईश्वर के पास पहुँचती ही है। इससे क्या स्पष्ट होता है?
(क) कलाम नास्तिक हैं

उत्तर के लिए कृपया पृष्ठ सं. 160-161 देखें।

(ख) कलाम ईश्वर और अल्लाह को अलग-अलग मानते हैं

(ग) कलाम प्रार्थना में यकीन नहीं करते

(घ) अध्यात्म में कलाम की अटूट आस्था है

46. बचपन में कलाम वैज्ञानिक खोजों, चिकित्सा विज्ञान की उपलब्धियों और साहित्य की अच्छी जानकारी को देनेवाले कौन व्यक्ति थे?

(क) उनके परदादा अबुल (ख) उनके पिता जैनुलाबदीन

(ग) उनके बहनोई जलालुद्दीन (घ) उनके चचेरे भाई शम्सुद्दीन

47. कलाम अपने चचेरे भाई शम्सुद्दीन के लिए रेलवे स्टेशन से अखबारों के बंडल लाने लगे थे, तब उनकी कितनी उम्र थी?

(क) 8 वर्ष (ख) 11 वर्ष

(ग) 7 वर्ष (घ) 13 वर्ष

48. बालक कलाम रामेश्वरम् के एक ऐसे आदर्श छात्र के रूप में जाने जाते थे, जो श्रम-संस्कृति में पूरा विश्वास रखता था और जिस सिद्धांत की स्थापना उसने की, उनका नाम था—

(क) आर्थिक सिद्धांत (ख) शैक्षिक सिद्धांत

(ग) सांस्कृतिक सिद्धांत (घ) श्रमेव सिद्धांत

49. डॉ. कलाम के अनुसार सन् 1942 में हिंदुओं के रूढ़िवाद के विरुद्ध चलनेवाले चर्चित आंदोलन को दक्षिण में चलानेवाले कौन थे?

(क) ई. नंबूदरिपाद (ख) पेरियार ई.वी. स्वामी

(ग) लक्ष्मण पी.वी. स्वामी (घ) वायलार ई. मोहनस्वामी

50. सन् 1942 के दौरान तमिल भाषा का अग्रणी अखबार कौन सा था, जिसे कलाम बड़े चाव से पढ़ते थे?

(क) दिनमणि (ख) भानूदय

(ग) चंद्रमणि (घ) हीरामणि

51. सन् 1942 के दौरान देश में होनेवाली भयंकर उथल-पुथल पर कलाम किन से चर्चा किया करते थे?

(क) बहन जोहरा और भाई मुस्तफा कमाल

(ख) अपने शिक्षक शिव सुब्रमण्यम अय्यर और अन्नादुरै सोलोमन

(ग) पिता जलालुद्दीन और भाई शम्सुद्दीन

(घ) अपने दोस्त अरविंदन और शिव प्रकाशन

उत्तर के लिए कृपया पृष्ठ सं. 161 देखें।

52. ''कलाम, मैं तुम्हें ऐसा बनाना चाहता हूँ कि तुम बड़े शहरों के बीच एक उच्च शिक्षित के रूप में पहचाने जाओ।'' यह वाक्य अब्दुल कलाम से किसने कहा?

(क) जलालुद्दीन ने (ख) श्रीमती जोहरा ने

(ग) शम्सुद्दीन ने (घ) शिव सुब्रमण्यम अय्यर

53. बचपन में नए अध्यापक द्वारा कलाम को कक्षा की सबसे पिछली बेंच पर बिठाने पर सबसे ज्यादा दुखी होनेवाला उनका साथी था—

(क) अरविंदन (ख) रामानंद शास्त्री

(ग) शिव प्रकाशन (घ) शम्सुद्दीन

54. डॉ. कलाम को किस कक्षा में अपने शिक्षक से बेंत की मार खानी पड़ी थी?

(क) कक्षा तीन में (ख) कक्षा पाँच में

(ग) कक्षा सात में (घ) कक्षा नौ में

55. कक्षा सात में भूगोल की कक्षा में शिक्षक ने कलाम को बेंत से क्यों मारा था?

(क) जिद से जवाब देने पर

(ख) ढीठ होकर जवाब देने पर

(ग) गलत जवाब देने पर

(घ) लापरवाही से जवाब देने पर

56. ''मैं बेंत से जिसकी पिटाई करता हूँ, वह महान् व्यक्ति बनता है। मेरे ये शब्द याद रखना। कलाम एक दिन हमारा और हमारे विद्यालय का गौरव बनेगा।'' यह बात किसने कही थी?

(क) गणित के अध्यापक श्री रामकृष्ण अय्यर ने

(ख) विज्ञान के अध्यापक शिव सुब्रमण्यम अय्यर ने

(ग) अन्नादुरै सोलोमन ने

(घ) पं. लक्ष्मण शास्त्री ने

57. ''तुम्हारे बच्चे तुम्हारे नहीं हैं। वे तो खुद के लिए जीवन की लालसाओं के बेटे-बेटियाँ हैं। वे तुम्हारे जरिए आते हैं, लेकिन तुम से नहीं आते। तुम उन्हें अपना प्यार दे सकते हो, लेकिन अपने विचार नहीं। उनके खुद के अपने विचार होते हैं।'' ये शब्द कलाम के पिता ने किससे कहे थे?

(क) कलाम से

(ख) कलाम की बहन जोहरा से

(ग) कलाम के भाई शम्सुद्दीन से

(घ) उनकी माँ से

उत्तर के लिए कृपया पृष्ठ सं. 161 देखें।

58. ''तुम्हें उस घर में रहने जाना है, जहाँ हममें से कोई नहीं जा सकता और न ही सपनों में देख सकता है। मेरे बच्चे, ईश्वर तुम्हें खुश रखे।'' ये शब्द कलाम के पिता ने उनसे कहाँ कहे थे?
(क) राष्ट्रपति बनने से पहले
(ख) नौकरी पर जाने से पहले
(ग) रामनाथपुरम् के लिए जाने से पहले रामेश्वरम् रेलवे स्टेशन पर
(घ) स्कूल में प्रवेश के पहले दिन

59. ए.पी.जे. अब्दुल कलाम को उनके पिता क्या बनाना चाहते थे?
(क) कलेक्टर (ख) इंजीनियर
(ग) डॉक्टर (घ) वैज्ञानिक

60. ''देखो, तुम्हारे अंदर कितनी खूबियाँ हैं! इन्हें पहचानो, इनका स्वागत करो। ये तुम्हारे लिए सफलता के द्वार खोलेंगी।'' कलाम से ऐसा कहनेवाले कौन थे?
(क) कलाम के पिता जैनुलाबदीन
(ख) कलाम के शिक्षक अन्नादुरै सोलोमन
(ग) कलाम की बहन जोहरा
(घ) कलाम की माँ आशियम्मा

61. डॉ. कलाम जब बी.एस-सी. प्रथम वर्ष के छात्र थे, तब उन्हें कॉलेज में कौन सा पद दिया गया था?
(क) मांसाहारी मेस का सचिव
(ख) क्लास मॉनिटर
(ग) क्लास का उप-मॉनिटर
(घ) शाकाहारी मेस का सचिव

62. डॉ. कलाम के अनुसार विज्ञान वृक्ष है तो अध्यात्म क्या है?
(क) उसकी जड़ (ख) उसके पत्ते
(ग) उसकी शाखा (घ) उसके फल

63. किन अंग्रेजी साहित्यकारों का जादू डॉ. कलाम के मन को झकझोरने में सक्षम रहा?
(क) रस्किन बॉण्ड, थॉमस अर्नोल्ड, सैमुएल बेकर
(ख) चार्ल्स डिफिंस, लियो टाल्सटॉय, अगाथा क्रिस्टी
(ग) जॉन मिल्टन, शेक्सपियर, वड्र्सवर्थ
(घ) जेम्स हेडली चेइज, डान क्राउन, रॉबिन कुक

उत्तर के लिए कृपया पृष्ठ सं. 161 देखें।

64. सेंट जोसेफ कॉलेज में किन के दार्शनिक विचारों ने डॉ. कलाम के दिल को छू लिया?

(क) फादर जॉनसन और फादर कामिल

(ख) फादर जेम्स वुड और फादर बोथा

(ग) फादर एक्वेरियन और फादर जोनाथन

(घ) फादर टी.एन. सेक्युरिया और फादर कलाथिल

65. "रही गहनों की बात तो गहने और रुपए–पैसे तो हाथ का मैल हैं। इन्हें चाहे जब प्राप्त किया जा सकता है।" कलाम से ये शब्द किसने कहे?

(क) माँ आशियम्मा ने (ख) बहन जोहरा ने

(ग) भाई शम्सुद्दीन ने (घ) पिता जैनुलाबदीन ने

66. एम.आई.टी. में दाखिले के लिए कलाम को कितने रुपयों की जरूरत थी?

(क) 5,000 रुपए की (ख) 1,500 रुपए की

(ग) 1,000 रुपए की (घ) 2,000 रुपए की

67. एम.आई.टी. के वे तीन शिक्षक कौन थे, जिन्होंने कलाम का जीवन ही बदल दिया?

(क) डॉ. कुर्त, प्रो. श्रीनिवासन और पं. लक्ष्मण शास्त्री

(ख) प्रो. स्पांडर, प्रो. के.ए.वी. पनदलाई और प्रो. नरसिंह राव

(ग) प्रो. एम.जी.के. मेनन, प्रो. पनदलाई और प्रो. राव

(घ) प्रो. ओदा, प्रो. सुधाकर और प्रो. राव

68. ऑस्ट्रेलिया से आए तथा तकनीकी वैमानिकी इंजीनियरिंग में दक्ष वे कौन से प्रोफेसर थे, जिन्हें द्वितीय विश्वयुद्ध के दौरान नाजियों ने बंदी बना लिया था?

(क) प्रो. पनदलाई

(ख) प्रो. श्रीनिवासन

(ग) प्रो. राव

(घ) प्रो. स्पांडर

69. "किसी के भविष्य को लेकर कभी भी चिंता नहीं करनी चाहिए। ज्यादा महत्त्वपूर्ण बात यह है कि जो विषय या क्षेत्र चुना है, उसमें पूरी मेहनत, उत्साह और धैर्य के साथ पढ़ाई करनी चाहिए।" डॉ. कलाम को ये शब्द किसने कहे थे?

(क) प्रोफेसर स्पांडर (ख) प्रो. राव

(ग) प्रो. पनदलाई (घ) प्रो. श्रीनिवासन

उत्तर के लिए कृपया पृष्ठ सं. 161 देखें।

70. एयरो–स्ट्रक्चर डिजाइन ऐंड एनालिसिस का विषय कलाम को जिन्होंने पढ़ाया था, उनका नाम क्या था?

(क) प्रो. स्पांडर (ख) प्रो. के.ए.वी. पनदलाई

(ग) डॉ. कुर्त (घ) प्रो. ओदा

71. एम.आई.टी. में तीन वर्ष का वैमानिकी इंजीनियरिंग कोर्स करते हुए अंतिम वर्ष में कलाम को क्या काम दिया गया?

(क) करीब से हमला करनेवाले विमान का डिजाइन तैयार करने का

(ख) मिसाइल का डिजाइन तैयार करने का

(ग) पनडुब्बी का डिजाइन तैयार करने का

(घ) बमवर्षक विमान का डिजाइन तैयार करने का

72. तत्कालीन एम.आई.टी. निदेशक का नाम क्या था, जिन्होंने डॉ. कलाम को तीन दिन के अंदर विमान का डिजाइन बनाने के लिए कहा?

(क) प्रो. एम.जी.के. मेनन (ख) प्रो. सुधाकर

(ग) प्रो. स्पांडर (घ) प्रो. श्रीनिवासन

73. एम.आई.टी. की 'तमिल संगम' नामक संस्था ने एक निबंध प्रतियोगिता का आयोजन किया था। कलाम ने उस प्रतियोगिता में जो निबंध प्रस्तुत किया, उसका शीर्षक क्या था?

(क) अपना विमान कैसे बनाएँ

(ख) आओ, अपना खुद का विमान बनाएँ

(ग) अपना विमान बनाना कितना आसान

(घ) विमान बनाने का सबसे आसान तरीका

74. विशाल जन–समूह की उपस्थिति में डॉ. कलाम को जिस लोकप्रिय तमिल साप्ताहिक के संपादक देवन ने निबंध पर पुरस्कार दिया था, उसका क्या नाम था?

(क) नखीरन (ख) कुमुदम

(ग) आनेक विकटन (घ) कुंजुमम

75. ''मैं अपने जीवन में कुछ ऐसे काम करके दिखाऊँगा, जिन पर मेरी बहन गर्व का अनुभव करेगी। माँ का बेटे के बिना रहना, पिता का परिश्रम की कमाई को पढ़ाई में लगाना बेकार नहीं जाएगा। मेरे प्रियजन, तुम्हारा यह कलाम पूरी कोशिश करेगा कि तुम सब गर्व से अपना सिर ऊँचा कर सको।'' कलाम ने

उत्तर के लिए कृपया पृष्ठ सं. 161 देखें।

ऐसा संकल्प कब लिया?

(क) जब उन्हें इंजीनियरिंग में स्नातक की डिग्री मिली

(ख) जब उन्होंने इंजीनियरिंग में प्रवेश लिया

(ग) जब उन्होंने अपनी पहली नौकरी आरंभ की

(घ) जब उनकी पढ़ाई के लिए बहन ने अपने जेवर गिरवी रखे

76. डॉ. कलाम के समय एम.आई.टी. में दाखिले की फीस कितनी थी?

(क) सौ रुपए (ख) पाँच सौ रुपए

(ग) एक हजार रुपए (घ) दो हजार रुपए

77. एम.आई.टी. में डॉ. कलाम के दाखिले की फीस का भुगतान किसने किया?

(क) उनके भाई कुतुब ने

(ख) उनकी बहन जोहरा ने

(ग) उनके चाचा रफीक ने

(घ) उनकी चाची शबनम ने

78. सन् 1952 में कॉलेज में पढ़ाई के दौरान कलाम ने अपनी माँ से क्या विचित्र सवाल किया था?

(क) मेरा नाम कलाम क्यों रखा है

(ख) मैं लड़कों की तरह क्यों दिखता हूँ

(ग) पिताजी जब मेरी उम्र के थे तब कैसे थे

(घ) मेरी शक्ल आपसे क्यों मिलती है

79. डॉ. कलाम को किस महिला ने सर्वाधिक प्रभावित किया?

(क) इंदिरा गांधी ने

(ख) भंडारनायके ने

(ग) एम.एस. सुब्बुलक्ष्मी ने

(घ) लता मंगेशकर ने

80. एम.एस. सुब्बुलक्ष्मी के संगीत में ऐसा क्या था, जो कलाम को आकर्षित करता था?

(क) उनका सुरीला गला

(ख) सुमधुर तान

(ग) खनकदार आवाज

(घ) लययुक्त रागम-तानम-पल्लवी शैली

उत्तर के लिए कृपया पृष्ठ सं. 161 देखें।

81. एम.एस. सुब्बुलक्ष्मी को विशिष्ट बताते हुए कलाम उनके बारे में क्या कहते हैं?
(क) संगीत सरिता
(ख) कर्नाटक संगीत की आवाज और पहचान
(ग) गीत की मलिका
(घ) संगीत की मंदाकिनी

82. पिछले पाँच दशकों से सुबह-सवेरे डॉ. कलाम क्या सुनते हैं?
(क) एम.एस. सुब्बुलक्ष्मी द्वारा गाए गए भक्ति गीत 'वेंकटेश्वर सुप्रभातम्'
(ख) कबीर भजनावली
(ग) सूरदास के भक्ति पद
(घ) मीराबाई के गीत

83. एम.एस. सुब्बुलक्ष्मी के व्यक्तित्व के किस पहलू ने डॉ. कलाम को सर्वाधिक प्रभावित किया?
(क) उनकी स्पष्टवादिता ने (ख) उनकी विनम्रता ने
(ग) उनकी गंभीरता ने (घ) उनकी सादगी ने

84. एम.एस. सुब्बुलक्ष्मी की प्रशंसा में डॉ. कलाम क्या कहते हैं?
(क) वे सरलता की मूर्ति हैं
(ख) संगीत उनकी आत्मा से निकलता है
(ग) दुनिया भर की शोहरत के बावजूद कृत्रिमता उन्हें छू भी नहीं सकी
(घ) कृत्रिम संगीत को वे जादुई संगीत में बदल देती हैं

85. सुब्बुलक्ष्मी का कौन सा भजन सुनकर कलाम भाव-विभोर हो जाते हैं?
(क) कुरई ओनरम इल्लई··· (प्रभु, मुझे कोई मलाल नहीं)
(ख) आडी मुडल नालिल···
(ग) एइंछू काराथनाई···
(घ) मुरुगा-मुरुगा···

86. 'अग्नि की उड़ान' में बीमारी के बारे में डॉ. कलाम ने क्या लिखा है?
(क) दस वर्ष की उम्र में तेज बुखार आया
(ख) आठ वर्ष की उम्र में निमोनिया हुआ
(ग) पंद्रह वर्ष की उम्र में दमा हुआ
(घ) बारह वर्ष की उम्र में चेचक हुआ

उत्तर के लिए कृपया पृष्ठ सं. 161-162 देखें।

87. एस.एल.वी.-3 प्रोजेक्ट पर कार्य करते समय डॉ. कलाम के लिए रामेश्वरम् से क्या बुरी खबर आई?
(क) उनके बहनोई अहमद जलालुद्दीन का निधन
(ख) उनकी माता का निधन
(ग) उनके पिता का निधन
(घ) उनकी बहन का निधन

88. अब तक डॉ. कलाम के पिता की उम्र कितनी हो चुकी थी?
(क) सौ साल के आसपास (ख) सौ साल से ज्यादा
(ग) एक सौ चालीस साल (घ) उपर्युक्त कोई नहीं

89. इसरो मुख्यालय में डॉ. कलाम के लिए किसका साथ होना बहुत ही सौभाग्यपूर्ण रहा था?
(क) डॉ. ब्रह्मप्रकाश का (ख) जी. राघवन का
(ग) डॉ. साराभाई का (घ) वाई.एस. राजन का

90. डॉ. कलाम के पिता का निधन किस वर्ष हुआ?
(क) 1970 में (ख) 1976 में
(ग) 1980 में (घ) 1985 में

91. डॉ. कलाम के पिता कितने वर्ष तक जीवित रहे?
(क) 100 वर्ष तक (ख) 101 वर्ष तक
(ग) 102 वर्ष तक (घ) 110 वर्ष तक

92. तब उनके कितने पोते-पोतियाँ थे?
(क) 15 पोते-पोतियाँ, एक परपोता
(ख) 20 पोते-पोतियाँ
(ग) 23 पोते-पोतियाँ
(घ) 27 पोते-पोतियाँ

93. डॉ. कलाम को एस.एल.वी.-3 के उड़ान परीक्षण में शामिल होने के लिए फ्रांस रवाना होते समय क्या बुरी खबर आई?
(क) उनकी माँ का निधन हो गया
(ख) उनके पिता का निधन हो गया
(ग) उनके बहनोई का निधन हो गया
(घ) उनकी बहन का निधन हो गया

□

उत्तर के लिए कृपया पृष्ठ सं. 162 देखें।

डॉ. अब्दुल कलाम की शिक्षा-दीक्षा और नौकरी

94. स्कूली दिनों में अब्दुल कलाम का प्रिय खेल कौन सा था?
    (क) क्रिकेट (ख) हॉकी
    (ग) टेनिस (घ) बैडमिंटन
95. रामेश्वरम् पंचायत बोर्ड स्कूल में कलाम के विज्ञान के शिक्षक कौन थे?
    (क) पं. लक्ष्मण शास्त्री
    (ख) श्री शिव सुब्रमण्यम अय्यर
    (ग) अन्नादुरै सोलोमन
    (घ) रामकृष्ण अय्यर
96. श्री शिवा अय्यर ने विद्यार्थी कलाम को किस वर्ष एक वृहद् दृष्टिकोण प्रदान किया?
    (क) सन् 1942 में (ख) सन् 1940 में
    (ग) सन् 1941 में (घ) सन् 1943 में
97. श्री शिवा अय्यर ने कलाम को किस वृहद् दृष्टिकोण की व्याख्या कर समझाया?
    (क) हवाई यात्रा के बारे में
    (ख) पौराणिक दृष्टिकोण की व्याख्या
    (ग) समाजवाद का दृष्टिकोण
    (घ) आसमान में पक्षी के उड़ने का स्पष्टीकरण
98. विशेष विषय के तौर पर उन्होंने किस इंजीनियरिंग विषय का चुनाव किया?
    (क) एयरोनॉटिकल इंजीनियरिंग (ख) कंप्यूटर इंजीनियरिंग
    (ग) मेकैनिकल इंजीनियरिंग (घ) इलेक्ट्रॉनिक इंजीनियरिंग

उत्तर के लिए कृपया पृष्ठ सं. 162 देखें।

99. संस्थान में वैमानिकी गतिकी विषय कौन पढ़ाते थे?
(क) प्रो. सुब्रह्मण्यम (ख) प्रो. स्वामीनाथन
(ग) प्रो. कुर्त टैंक (घ) प्रो. स्पांडर

100. बाद में प्रो. स्पांडर को किसने बंदी बना लिया?
(क) प्रथम विश्व युद्ध के दौरान नाजियों ने
(ख) द्वितीय विश्व युद्ध के दौरान नाजियों ने
(ग) द्वितीय विश्व युद्ध के दौरान फासिस्टों ने
(घ) उपर्युक्त में से कोई नहीं

101. उस समय एम.आई.टी. के डायरेक्टर कौन थे?
(क) डॉ. स्पांडर (ख) डॉ. एंगरबेल
(ग) डॉ. गियर्सन (घ) डॉ. कुर्त टैंक

102. डॉ. कुर्त किस विषय के विशेषज्ञ थे?
(क) कंप्यूटर इंजीनियरिंग
(ख) वैमानिकी इंजीनियरिंग
(ग) मेकैनिकल इंजीनियरिंग
(घ) उपर्युक्त में से कोई नहीं

103. उन्होंने किस चीज का डिजाइन तैयार किया था?
(क) जर्मनी के एक सीटवाले लड़ाकू विमान 'फोक वुल्फ' का
(ख) इटली के दो सीटवाले लड़ाकू विमान 'डायर' का
(ग) फ्रांस के एक सीटवाले मालवाहक विमान का
(घ) जर्मनी के एक सीटवाले मालवाहक विमान का

104. बाद में डॉ. कुर्त टैंक किस संस्थान में चले गए?
(क) भारत एयरोनॉटिक लिमिटेड, हैदराबाद
(ख) आंध्र प्रदेश एयरोनॉटिक लिमिटेड, हैदराबाद
(ग) हिंदुस्तान एयरोनॉटिक लिमिटेड, बेंगलुरु
(घ) हिंदुस्तान एयरोनॉटिक लिमिटेड, चेन्नई

105. एच.ए.एल. में डॉ. कुर्त ने किसका डिजाइन तैयार किया?
(क) विश्व के पहले लड़ाकू विमान T–27 का
(ख) भारत के पहले लड़ाकू विमान T–98 का
(ग) भारत के पहले मालवाहक विमान T–24 का
(घ) भारत के पहले लड़ाकू विमान एच.एफ. 24 मारुत का

उत्तर के लिए कृपया पृष्ठ सं. 162 देखें।

106. प्रो. के.ए.वी. पनदलाई क्या विषय पढ़ाते थे?
(क) रॉकेट स्ट्रक्चर डिजाइन
(ख) प्रक्षेपास्त्र स्ट्रक्चर डिजाइन
(ग) एयरो स्ट्रक्चर डिजाइन ऐंड एनालिसिस
(घ) एयरो स्ट्रक्चर मैथमेटिक्स

107. प्रो. नरसिंह राव क्या थे?
(क) गणितज्ञ (ख) भौतिकीविद्
(ग) रसायनज्ञ (घ) कंप्यूटर विशेषज्ञ

108. वे क्या विषय पढ़ाते थे?
(क) प्रैक्टिकल वैमानिकी (ख) सैद्धांतिक वैमानिकी
(ग) कंप्यूटर वैमानिकी (घ) उपर्युक्त सभी

109. कोर्स पूरा होने पर डॉ. कलाम किस प्रोजेक्ट से जुड़े?
(क) ऊपर-ही-ऊपर मार करनेवाले लड़ाकू विमान प्रोजेक्ट से
(ख) नीचे आकर करीब से हमला करनेवाले लड़ाकू विमान के डिजाइन तैयार करने में
(ग) रॉकेट लॉञ्चिंग प्रोजेक्ट से
(घ) मिसाइल लॉञ्चिंग प्रोजेक्ट से

110. प्रो. श्रीनिवासन डिजाइन शिक्षक के साथ-साथ और क्या थे?
(क) एस.आई.टी. के प्रोफेसर (ख) एस.आई.टी. के निदेशक
(ग) एम.आई.टी. के स्टुडेंट (घ) एम.आई.टी. के निदेशक

111. एक प्रशिक्षु के तौर पर डॉ. कलाम सबसे पहले कहाँ गए?
(क) एम.आई.टी., हैदराबाद
(ख) एच.ए.एल., बेंगलुरु
(ग) एम.ए.एल., दिल्ली
(घ) एम.आई.टी., चेन्नई

112. एच.ए.एल. में सबसे पहले उन्होंने क्या काम किया?
(क) रॉकेट के इंजन की मरम्मत
(ख) डीजल इंजन की मरम्मत
(ग) पेट्रोल इंजन की मरम्मत
(घ) पिस्टन इंजन एवं टरबाइन इंजन की मरम्मत

उत्तर के लिए कृपया पृष्ठ सं. 162 देखें।

113. एच.ए.एल. से वैमानिकी इंजीनियर बनने के बाद डॉ. कलाम ने कहाँ-कहाँ आवेदन किया?
(क) भारतीय नौसेना में
(ख) भारतीय थलसेना के इंजीनियरिंग विंग में
(ग) भारतीय वायुसेना एवं रक्षा मंत्रालय के डी.आर.डी.ओ. में
(घ) उपर्युक्त सभी में

114. वायुसेना में भरती के लिए उनका साक्षात्कार कहाँ होना था?
(क) देहरादून में (ख) चेन्नई में
(ग) बेंगलुरु में (घ) मुंबई में

115. डी.आर.डी.ओ. में भरती के लिए साक्षात्कार कहाँ हो रहा था?
(क) मुंबई में (ख) हैदराबाद में
(ग) बेंगलुरु में (घ) दिल्ली में

116. डॉ. कलाम का पहला इंटरव्यू कहाँ हुआ था?
(क) देहरादून में (ख) दिल्ली में
(ग) मसूरी में (घ) चेन्नई में

117. वायुसेना में इंटरव्यू देने के लिए वे कहाँ गए?
(क) मसूरी में (ख) दिल्ली में
(ग) देहरादून में (घ) बेंगलुरु में

118. दोनों इंटरव्यू के पश्चात् डॉ. कलाम की भेंट किनसे हुई?
(क) स्वामी सहजानंद से (ख) स्वामी तीर्थानंद से
(ग) स्वामी ब्रह्मानंद से (घ) स्वामी शिवानंद से

119. ऋषिकेश में डॉ. कलाम का किनसे मिलना हुआ?
(क) स्वामी शिवानंद से (ख) स्वामी कृष्णानंद से
(ग) स्वामी विरजानंद से (घ) स्वामी हंसानंद से

120. डॉ. कलाम को पहला नियुक्ति-पत्र कहाँ से मिला?
(क) टी.टी. ऐंड सी.पी. से
(ख) डी.टी.डी. ऐंड पी. (एयर) से
(ग) बी.एन. ऐंड डी.सी. से
(घ) आई.टी.डी.सी. से

121. डॉ. कलाम की पहली नियुक्ति किस पद पर हुई?
(क) प्रोफेसर (विमान) (ख) कनिष्ठ वैज्ञानिक
(ग) वरिष्ठ वैज्ञानिक सहायक (घ) कर्नल वायुसेना

उत्तर के लिए कृपया पृष्ठ सं. 162 देखें।

122. उस समय उनका मूल वेतन कितना था?
(क) 100 रुपए (ख) 150 रुपए
(ग) 200 रुपए (घ) 250 रुपए

123. डॉ. कलाम की पहली नियुक्ति किस वर्ष हुई थी?
(क) 1958 में (ख) 1968 में
(ग) 1959 में (घ) 1969 में

124. निदेशालय में उनके ऑफिसर-इंचार्ज कौन थे?
(क) डॉ. ब्रह्मप्रकाश (ख) आर. वरदराजन
(ग) सी. रंगराजन (घ) डॉ. राघवेंद्रम

125. वहाँ उन्होंने किस कार्य में सफलता हासिल की?
(क) रॉकेट का डिजाइन तैयार करने में
(ख) इंजन पिस्टन तैयार करने में
(ग) अत्याधुनिक इंजन बनाने में
(घ) पराध्वनिक लक्ष्यभेदी विमान का डिजाइन तैयार करने में

126. विमानों के रख-रखाव का अनुभव हासिल करने के लिए डॉ. कलाम को कहाँ भेजा गया?
(क) वायुसेना मुख्यालय, देहरादून
(ख) एम.आई.टी., चेन्नई
(ग) एयरक्राफ्ट ऐंड आमीमेंट टेस्टिंग यूनिट, कानपुर
(घ) डी.आर.डी.ओ., दिल्ली

127. उस समय कानपुर में किस विशेष प्रोजेक्ट पर काम चल रहा था?
(क) एम.के.-1 विमान के परीक्षण का कार्य
(ख) सी.टू-68 विमान की मरम्मत का कार्य
(ग) मिग-96 विमान की मरम्मत का कार्य
(घ) उपर्युक्त सभी

128. कानपुर से डॉ. कलाम को कहाँ भेजा गया?
(क) एम.आई.टी., चेन्नई
(ख) एम.आई.टी., हैदराबाद
(ग) डी.आर.डी.ओ., दिल्ली
(घ) वैमानिकी विकास प्रतिष्ठा (ए.डी.ई.), बेंगलुरु

उत्तर के लिए कृपया पृष्ठ सं. 162 देखें।

129. ए.डी.ई. में डॉ. कलाम को किसका डिजाइन तैयार करना था?
(क) विदेशी रॉकेट का
(ख) स्वदेशी हॉवरक्राफ्ट (मँडरानेवाले वाहन) का डिजाइन तैयार और विकसित करना था
(ग) विदेशी मिसाइल का
(घ) स्वदेशी मिसाइल का

130. उन दिनों भारत के रक्षा मंत्री कौन थे?
(क) जॉन मथाई (ख) जनरल मानेक शॉ
(ग) वी.के. कृष्णमेनन (घ) के.एम. करियप्पा

131. तैयार किए गए हॉवरक्राफ्ट को क्या नाम दिया गया?
(क) भगवान् गणेश का वाहन 'मूषक'
(ख) भगवती दुर्गा का वाहन 'शेर'
(ग) भगवान् कृष्ण की गाय 'गौरी'
(घ) भगवान् शिव के वाहन के प्रतीक-स्वरूप 'नंदी'

132. इसका डिजाइन बनने पर डॉ. कलाम की प्रतिक्रिया क्या थी?
(क) यह देखने के लिए नहीं बना है, इसके साथ उड़िए
(ख) यह दौड़ने के लिए बना है, दौड़िए
(ग) यह घूमने के लिए बना है
(घ) यह मजा लेने के लिए बना है

133. प्रोजेक्ट पूरा होने पर हॉवरक्राफ्ट का वजन कितना था?
(क) 500 किलोग्राम (ख) 550 किलोग्राम
(ग) 600 किलोग्राम (घ) 650 किलोग्राम

134. उस हॉवरक्राफ्ट की क्षमता कितनी थी?
(क) 20 मिमि.
(ख) 30 मिमि.
(ग) 40 मिमि. वायुदाब पर उड़ सकने की क्षमता
(घ) 50 मिमि. वायुदाब पर उड़ सकने की क्षमता

135. टाटा इंस्टीट्यूट ऑफ फंडामेंटल रिसर्च के तत्कालीन निदेशक कौन थे?
(क) प्रो. रामसे (ख) प्रो. बी.के. कृष्णमेनन
(ग) प्रो. शिवाराम (घ) प्रो. एम.जी.के. मेनन

उत्तर के लिए कृपया पृष्ठ सं. 163 देखें।

136. प्रो. एम.जी.के. मेनन ने किसमें सवारी की इच्छा जताई थी?
(क) 'नंदी' हॉवरक्राफ्ट में (ख) 'मूषक' हॉवरक्राफ्ट में
(ग) 'शेर' हॉवरक्राफ्ट में (घ) 'गौरी' हॉवरक्राफ्ट में

137. यहाँ कार्य करते हुए डॉ. कलाम को कहाँ से बुलावा आया?
(क) डी.आर.डी.ओ. से (ख) इंडियन कमेटी फॉर स्पेस रिसर्च
(ग) एम.आई.टी. से (घ) उपर्युक्त किसी से नहीं

138. यह साक्षात्कार का बुलावा किस पद के लिए था?
(क) मिसाइल इंजीनियर के पद के लिए
(ख) प्रोफेसर के पद के लिए
(ग) रॉकेट इंजीनियर के पद के लिए
(घ) वैज्ञानिक के पद के लिए

139. भारतीय अंतरिक्ष अनुसंधान समिति द्वारा साक्षात्कार हेतु डॉ. कलाम को कहाँ बुलाया गया?
(क) बेंगलुरु (ख) देहरादून
(ग) दिल्ली (घ) बंबई

140. वहाँ डॉ. कलाम का साक्षात्कार किसने लिया?
(क) डॉ. विक्रम साराभाई (ख) डॉ. ब्रह्मप्रकाश
(ग) डॉ. रामानुजम (घ) डॉ. सुब्रह्मण्यम

141. साक्षात्कार बोर्ड में और कौन-कौन सदस्य थे?
(क) डॉ. स्वामीनाथन
(ख) प्रोफेसर वार्ष्णेय
(ग) प्रो. एम.जी.के. मेनन और परमाणु ऊर्जा आयोग के तत्कालीन उपसचिव श्री सर्राफ
(घ) भारत के रक्षा मंत्री

142. डॉ. साराभाई के सवाल किस तरह के थे?
(क) मानव विकास से संबंधित
(ख) मौजूदा योग्यता या कुशलता से इतर संभावनाओं की तलाश से संबंधित
(ग) गरीबी उन्मूलन से संबंधित
(घ) पूर्ण रूप से पारिवारिक

उत्तर के लिए कृपया पृष्ठ सं. 163 देखें।

143. भारतीय अंतरिक्ष अनुसंधान समिति में डॉ. कलाम को किस पद पर रखा गया?
(क) प्रोफेसर के पद पर (ख) मिसाइल वैज्ञानिक के पद पर
(ग) रक्षा विशेषज्ञ के पद पर (घ) रॉकेट इंजीनियर के पद पर

144. यहाँ उनका काम कैसे शुरू हुआ?
(क) कनिष्ठ वैज्ञानिक प्रशिक्षण
(ख) वरिष्ठ वैज्ञानिक प्रशिक्षण
(ग) टी.आई.एफ.आर. में कंप्यूटर केंद्र में कंप्यूटर प्रशिक्षण
(घ) उपर्युक्त में कोई नहीं

145. वर्ष 1962 में भारतीय अंतरिक्ष अनुसंधान समिति ने रॉकेट प्रक्षेपण केंद्र कहाँ स्थापित करने का फैसला लिया?
(क) केरल में त्रिवेंद्रम के पास थुंबा में
(ख) बेंगलुरु के हासन में
(ग) दिल्ली के सफदरजंग में
(घ) उपर्युक्त में कोई नहीं

146. प्रक्षेषण केंद्र के लिए इस स्थल का चयन किसने किया?
(क) दिल्ली के प्रो. आशुतोष ने
(ख) भौतिक अनुसंधान प्रयोगशाला, अहमदाबाद के डॉ. चिटनिस ने
(ग) वरिष्ठ वैज्ञानिक डॉ. ब्रह्मप्रकाश ने
(घ) कनिष्ठ वैज्ञानिक डॉ. स्वामीनाथन ने

147. थुंबा को रॉकेट प्रक्षेपण केंद्र के लिए उपयुक्त क्यों माना गया?
(क) क्योंकि वहाँ बालू-ही-बालू था
(ख) क्योंकि वहाँ कोई आबादी नहीं थी
(ग) क्योंकि वह स्थान चंद्रमा के अक्ष की सीध में था
(घ) क्योंकि वह स्थान पृथ्वी के चुंबकीय अक्ष के सबसे नजदीक था

148. थुंबा रॉकेट प्रक्षेपण केंद्र का क्षेत्रफल कितना है?
(क) छह सौ एकड़ (ख) आठ सौ एकड़
(ग) नौ सौ एकड़ (घ) एक हजार एकड़

149. त्रिवेंद्रम जिले के तत्कालीन कलेक्टर कौन थे?
(क) सी. वेणुगोपालन (ख) डॉ. सी. अय्यर
(ग) के. माधवन नायर (घ) डॉ. के.डी. नायर

उत्तर के लिए कृपया पृष्ठ सं. 163 देखें।

150. थुंबा अंतरिक्ष केंद्र का पहला दफ्तर कहाँ खोला गया?
(क) सेंट मेरी मेडेलेन चर्च में (ख) सेंट मेरी कैथोलिक चर्च में
(ग) प्रोस्टेंट चर्च में (घ) चामराज पेट चर्च में

151. रॉकेट प्रक्षेपण की तकनीकियों का प्रशिक्षण लेने के लिए डॉ. कलाम को कहाँ भेजा गया?
(क) रूस में उक्रेन (ख) अमेरिका में नासा
(ग) फ्रांस में नेपियर (घ) जापान में ताइको

152. यह प्रशिक्षण कितनी समयावधि का था?
(क) एक महीने का (ख) तीन महीने का
(ग) पाँच महीने का (घ) छह महीने का

153. डॉ. कलाम ने नासा में कार्य की शुरुआत कहाँ से की?
(क) कैनेडी प्रयोगशाला से (ख) वाशिंगटन रिसर्च सेंटर से
(ग) लैंगले रिसर्च सेंटर से (घ) न्यूयॉर्क प्रयोगशाला से

154. नासा का यह संस्थान कहाँ पर स्थित है?
(क) वर्जीनिया राज्य के हैंपटन शहर के पास
(ख) न्यू जर्सी के केपटाउन में
(ग) कैलिफोर्निया में
(घ) फिलाडेल्फिया में

155. लैंगले रिसर्च सेंटर क्या है?
(क) अत्याधुनिक कंप्यूटर संस्थान
(ख) अत्याधुनिक वाहन शोध संस्थान
(ग) एक प्राचीन प्रयोगशाला
(घ) अत्याधुनिक एयरोस्पेस टेक्नोलॉजी के लिए शोध एवं विकास का प्राथमिक केंद्र

156. डॉ. कलाम नासा से भारत वापस कब लौटे?
(क) जनवरी 1960 में (ख) नवंबर 1963 में
(ग) मार्च 1965 में (घ) अप्रैल 1970 में

157. भारत का पहला रॉकेट अंतरिक्ष में कब छोड़ा गया?
(क) 22 जनवरी, 1960 को (ख) 11 जनवरी, 1962 को
(ग) 21 नवंबर, 1963 को (घ) 21 नवंबर, 1964 को

उत्तर के लिए कृपया पृष्ठ सं. 163 देखें।

158. भारत के इस पहले रॉकेट का नाम क्या था?

(क) नाइक अपाची (ख) अजूबा केनन

(ग) जाइली-जाइली (घ) टैंक टेक्सास

159. यह रॉकेट किस श्रेणी का था?

(क) धुआँ-रहित रॉकेट

(ख) गूँगी रॉकेट (साइलेंट रॉकेट)

(ग) गुंजायमान रॉकेट (साउंडिंग रॉकेट)

(घ) चालक-रहित रॉकेट

160. यह रॉकेट कहाँ बनाया गया था?

(क) नेपियर में (ख) नासा में

(ग) ताइको में (घ) उक्रेन में

161. रॉकेट प्रक्षेपण स्थल को किस रूप में विकसित किया गया?

(क) थुंबा इक्वेटोरियल रॉकेट लॉञ्च स्टेशन

(ख) त्रिवेंद्रम रॉकेट स्टेशन

(ग) बेंगलुरु रॉकेट स्टेशन

(घ) चेन्नई रॉकेट स्टेशन

162. भारतीय अंतरिक्ष कार्यक्रम की वास्तविक शुरुआत कहाँ से हुई?

(क) स्पुतनिक कार्यक्रम से

(ख) अपाची कार्यक्रम से

(ग) रोहिणी साउंडिंग रॉकेट (आर.एस.आर.) कार्यक्रम से

(घ) ताइको कार्यक्रम से

163. साउंडिंग रॉकेट का क्या कार्य होता है?

(क) पृथ्वी के पानी वाले स्थानों को बताना

(ख) वायुमंडल के ऊपरी क्षेत्रों सहित पृथ्वी के आस-पास के वातावरण का पता लगाना

(ग) पृथ्वी के दलदली भागों को बताना

(घ) उपर्युक्त सभी

164. रोहिणी रॉकेट की विशेषता क्या थी?

(क) उसमें करीब 32 किलोग्राम वजन की एक ठोस प्रणोदन मोटर लगी थी

(ख) यह मानव-रहित पहला रॉकेट था

(ग) यह धुआँ-रहित रॉकेट था

(घ) उपर्युक्त सभी

उत्तर के लिए कृपया पृष्ठ सं. 163 देखें।

165. इस रॉकेट को अंतरिक्ष कक्षा में कितनी ऊँचाई पर प्रक्षेपित किया गया था?
(क) 2 किलोमीटर की ऊँचाई पर
(ख) 5 किलोमीटर की ऊँचाई पर
(ग) 7 किलोमीटर की ऊँचाई पर
(घ) 10 किलोमीटर की ऊँचाई पर

166. भारत में सबसे पहले रॉकेट कब देखने को मिले थे?
(क) अकबर के शासन काल में
(ख) औरंगजेब के शासन काल में
(ग) अंग्रेजों द्वारा सन् 1799 में टीपू सुल्तान के मारे जाने के बाद
(घ) अंग्रेजों द्वारा 1856 में विक्टोरिया के आगमन के बाद

167. डॉ. अब्दुल कलाम ने जब नासा के स्वागत कक्ष में एक पेंटिंग देखी, तब उन्हें पता लगा कि उस पेंटिंग मैं टीपू सुलतान की सेना को रॉकेटों द्वारा अंग्रेजों से युद्ध करते दिखाया गया है। अधिक खोजबीन करने पर उनको पता चला कि टीपू सुलतान के किले मैं जो रॉकेट पाए गए थे, उनसे प्रेरणा लेकर अंग्रेजों ने अपने रॉकेट विकसित किए थे, टीपू सुल्तान के किले में कितने रॉकेट पाए गए थे?
(क) 500 से ज्यादा (ख) 700 से ज्यादा
(ग) 1,000 से ज्यादा (घ) 2,000 से ज्यादा

168. डॉ. कलाम के अनुसार टीपू सुल्तान की सेना में कितनी ब्रिगेड थीं?
(क) 27 ब्रिगेड (ख) 30 ब्रिगेड
(ग) 40 ब्रिगेड (घ) 50 ब्रिगेड

169. डॉ. कलाम के अनुसार हर ब्रिगेड में कितनी रॉकेट कंपनी थीं?
(क) दो रॉकेट कंपनी
(ख) तीन रॉकेट कंपनी
(ग) एक रॉकेट कंपनी, जिसे 'जर्क्स' नाम दिया गया था
(घ) उपर्युक्त में से कोई नहीं

170. डॉ. कलाम के अनुसार इन रॉकेटों को बाद में कहाँ ले जाया गया?
(क) जापान (ख) ब्रिटेन
(ग) अमेरिका (घ) फ्रांस

उत्तर के लिए कृपया पृष्ठ सं. 164 देखें।

171. डॉ. कलाम के अनुसार ये रॉकेट कौन ले गया था?
(क) कार्लाइल (ख) विलियम फ्रेडरिक
(ग) सर टॉमस (घ) विलियम काग्रेव

172. डॉ. कलाम की खोजबीन के अनुसार अंग्रेज रॉकेट ब्रिटेन ले जाने में कैसे कामयाब हुए?
(क) उस समय कोई पेटेंट कानून नहीं था
(ख) उस समय कोई वैज्ञानिक नहीं था
(ग) उस समय कोई इंजीनियर नहीं था
(घ) उपर्युक्त कोई नहीं

173. टीपू सुल्तान की मृत्यु के बाद भारत कितने समय तक रॉकेट-विहीन रहा?
(क) 50 वर्ष तक (ख) 100 वर्ष तक
(ग) 150 वर्ष तक (घ) 200 वर्ष तक

174. इस खोजबीन के आगे बढ़ने पर डॉ. कलाम के अनुसार रूस में रॉकेट तकनीक को किसने नई दिशा दी?
(क) 1808 में यल्तसिन ने
(ख) 1903 में कोंस्तेतिन तिसिओलसेवस्की ने
(ग) 1930 में स्टालिन ने
(घ) 1035 में जार ने

175. जब डॉ. कलाम ने पता लगाया, जिसके अनुसार अमेरिका में रॉकेट तकनीक को किसने विकसित किया?
(क) 1700 में जीम जोक्स ने (ख) 1780 में रॉक्ट टेम ने
(ग) 1890 में गॉट रीड ने (घ) 1914 में रॉबर्ट गॉडर्ड ने

176. जर्मनी में रॉकेट तकनीक को किसने विकसित किया?
(क) 1923 में इरमेने ओबर्थ ने (ख) 1930 में राडाने ने
(ग) 1940 में सेलब्रिल ने (घ) 1945 में कोलेन काक ने

177. भारत में रॉकेट विज्ञान के पुनर्जन्म का श्रेय किसे दिया जाता है?
(क) टीपू सुल्तान को
(ख) मोतीलाल नेहरू को
(ग) पूर्व प्रधानमंत्री जवाहरलाल नेहरू को
(घ) प्रथम राष्ट्रपति डॉ. राजेंद्र प्रसाद को

उत्तर के लिए कृपया पृष्ठ सं. 164 देखें।

178. इस सपने को साकार करने की चुनौती को किसने स्वीकारा?
(क) प्रो. मेनन ने (ख) प्रो. साराभाई ने
(ग) प्रो. हिक्स ने (घ) प्रो. अजीम ने

179. टी.ई.आर.एल.एस. को अंतरराष्ट्रीय अंतरिक्ष विज्ञान समुदाय को कब समर्पित किया गया?
(क) फरवरी 1969 में थुंबा में (ख) दिसंबर 1975 में बेंगलुरु में
(ग) अप्रैल 1978 में चेन्नई में (ग) जुलाई 1980 में दिल्ली में

180. इसे किसके द्वारा समर्पित किया गया?
(क) तत्कालीन राष्ट्रपति द्वारा
(ख) तत्कालीन रक्षामंत्री द्वारा
(ग) तत्कालीन गृहमंत्री द्वारा
(घ) तत्कालीन प्रधानमंत्री इंदिरा गांधी द्वारा

181. पहला रोहिणी-75 रॉकेट कब प्रक्षेपित किया गया?
(क) 20 जनवरी, 1965 को (ख) 20 नवंबर, 1967 को
(ग) 20 अप्रैल, 1970 को (घ) 20 जून, 1975 को

182. भारतीय वायुसेना को एस-22 एवं एच एफ-24 विमानों के लिए किन उपकरणों की आवश्यकता थी?
(क) पीन-पिस्टन की (ख) वॉल्व की
(ग) रिंग-पिस्टन की (घ) राटो मोटर्स की

183. राटो का पहला परीक्षण कब कर लिया गया?
(क) परियोजना शुरू होने के पहले
(ख) परियोजना शुरू होने के अगले महीने में
(ग) परियोजना शुरू होने के बारहवें महीने में
(घ) उपर्युक्त कोई नहीं

184. राटो के कितने परीक्षण किए गए?
(क) दो महीने में पचास परीक्षण (ख) चार महीने में चौंसठ परीक्षण
(ग) छह महीने में सौ परीक्षण (घ) सात महीने में दो सौ परीक्षण

185. इस परियोजना में कितने इंजीनियर काम कर रहे थे?
(क) बीस (ख) तीस
(ग) चालीस (घ) पचास

उत्तर के लिए कृपया पृष्ठ सं. 164 देखें।

186. प्रो. साराभाई ने देश में ही उपग्रह बनाने तथा उन्हें छोड़ने के लिए स्वदेशी तकनीक विकसित करने का फैसला कब लिया?
(क) 1960 में (ख) 1965 में
(ग) 1967 में (घ) 1969 में

187. संभक्ति प्रक्षेपण केंद्र की स्थापना के उद्देश्य से उन्होंने कहाँ का हवाई दौरा किया था?
(क) उत्तरी हिमालय का (ख) दक्षिणी सागर का
(ग) पूर्वी तटीय क्षेत्र का (घ) पश्चिमी तटीय क्षेत्र का

188. केंद्र की स्थापना हेतु किस स्थल का चयन किया गया?
(क) हैदराबाद के पास
(ख) चेन्नई से सौ किलोमीटर उत्तर श्रीहरिकोटा
(ग) कर्नाटक में हासन
(घ) थुंबा

189. श्रीहरिकोटा द्वीप की आकृति कैसी है?
(क) अर्द्धचंद्राकार (ख) वृत्ताकार
(ग) आयताकार (घ) वर्गाकार

190. श्रीहरिकोटा द्वीप की अधिकतम चौड़ाई कितनी है?
(क) दो किलोमीटर (ख) पाँच किलोमीटर
(ग) आठ किलोमीटर (घ) दस किलोमीटर

191. इसकी पश्चिमी सीमा पर क्या है?
(क) चिल्का झील (ख) हुसैन सागर बाँध
(ग) पेरियार नदी (घ) बकिंघम नहर एवं पुलिकट झील

192. इंडियन रॉकेट सोसाइटी का गठन कब हुआ?
(क) 1968 में (ख) 1970 में
(ग) 1971 में (घ) 1975 में

193. भारतीय अंतरिक्ष अनुसंधान संगठन (इसरो) का गठन किस विभाग के तहत किया गया?
(क) डी.आर.डी.ओ. विभाग (ख) परमाणु ऊर्जा विभाग
(ग) पर्यावरण विभाग (घ) कंप्यूटर विभाग

उत्तर के लिए कृपया पृष्ठ सं. 164 देखें।

194. इस संस्था का मुख्य कार्य क्या है?
(क) देश में अंतरिक्ष विज्ञान के क्षेत्र में शोध करना
(ख) देश में परमाणु विभाग का गठन करना
(ग) देश के पर्यावरण को सुरक्षित बनाना
(घ) उपर्युक्त सभी

195. एस.एल.वी. का सपना साकार करने हेतु बनाई गई परियोजना के नेतृत्व का भार किसे सौंपा गया?
(क) डॉ. ब्रह्मप्रकाश को
(ख) प्रो. वरदराजन को
(ग) डॉ. कलाम को
(घ) प्रो. यशपाल को

196. अतिरिक्त जिम्मेदारी के तौर पर डॉ. कलाम को क्या कार्य दिया गया?
(क) एस.एल.वी. के पहले चरण का प्रक्षेपण
(ख) एस.टी.एस. के निर्माण का कार्य
(ग) इंजन प्रणाली को विकसित करने का कार्य
(घ) एस.एल.वी. के चौथे चरण का डिजाइन

197. मिसाइल पैनल की हर बैठक के बाद डॉ. कलाम इसकी संपूर्ण जानकारी किसे दिया करते थे?
(क) डॉ. ब्रह्मप्रकाश को (ख) प्रो. साराभाई को
(ग) डॉ. रंगराजन को (घ) उपर्युक्त सभी को

198. 30 दिसंबर, 1971 को इस संबंध में बैठक किस शहर में हुई थी?
(क) दिल्ली में (ख) चेन्नई में
(ग) बेंगलुरु में (घ) मुंबई में

199. दिल्ली से लौटते समय प्रो. साराभाई ने कलाम को क्या निर्देश दिया?
(क) दिल्ली हवाई अड्डे पर रहने के लिए
(ख) डी.आर.डी.ओ. जाने के लिए
(ग) त्रिवेंद्रम हवाई अड्डे पर इंतजार करने के लिए
(घ) देहरादून पहुँचने के लिए

उत्तर के लिए कृपया पृष्ठ सं. 164 देखें।

200. प्रो. साराभाई की मृत्यु की खबर डॉ. कलाम को किसने बताई?
(क) हवाई जहाज के पायलट ने
(ख) हवाई जहाज की सीढ़ी चलानेवाले ऑपरेटर कुट्टी ने
(ग) विमान परिचारिका ने
(घ) कैबिन क्रू ने

201. प्रो. साराभाई का अंतिम संस्कार कहाँ किया गया?
(क) मुंबई में (ख) दिल्ली में
(ग) चेन्नई में (घ) अहमदाबाद में

202. 1966 से 1971 के बीच कितने वैज्ञानिकों ने प्रो. साराभाई के साथ काम किया?
(क) करीब बाईस वैज्ञानिकों ने (ख) चौबीस वैज्ञानिकों ने
(ग) तीस वैज्ञानिकों ने (घ) लगभग सौ वैज्ञानिकों ने

203. उस स्थिति में कार्यवाहक के रूप में इसरो का कामकाज किसने सँभाला?
(क) डॉ. कलाम ने (ख) डॉ. ब्रह्मप्रकाश ने
(ग) प्रो. एम.जी.के. मेनन ने (घ) डॉ. काकोदकर ने

204. प्रो. साराभाई के बाद इसरो के संचालन की पूर्णकालिक जिम्मेदारी किसे सौंपी गई?
(क) प्रो. दिलीप सैनी को (ख) प्रो. सतीश धवन को
(ग) प्रो. आशुतोष को (घ) प्रो. आहूजा को

205. थुंबा परिसर स्थित सभी संस्थानों को मिलाकर बनाए गए संपूर्ण अंतरिक्ष केंद्र को क्या नाम दिया गया?
(क) विक्रम साराभाई स्पेस सेंटर (वी.एस.एस.सी.)
(ख) राजा साराभाई स्पेस सेंटर (आर.एस.एस.सी.)
(ग) सर साराभाई स्पेस सेंटर
(घ) भारत साराभाई स्पेस सेंटर

206. वी.एस.एस.सी. का पहला निदेशक किसे बनाया गया?
(क) डॉ. कलाम को
(ख) प्रो. साराभाई को
(ग) डॉ. ब्रह्मप्रकाश को
(घ) प्रो. रामनाथन को

उत्तर के लिए कृपया पृष्ठ सं. 164 देखें।

207. राटो प्रणाली का पहला सफल परीक्षण कब किया गया?
(क) 8 जनवरी, 1970 को (ख) 8 अक्तूबर, 1972 को
(ग) 8 मार्च, 1974 को (घ) 8 अप्रैल, 1975 को

208. राटो प्रणाली का पहला सफल परीक्षण कहाँ किया गया?
(क) देहरादून में (ख) दिल्ली एयरफोर्स स्टेशन पर
(ग) मुंबई में (घ) बरेली एयरफोर्स स्टेशन पर

209. यह राटो परीक्षण किस विमान पर किया गया?
(क) सुखोई–16 विमान पर (ख) मिग–12 विमन पर
(ग) मिग–98 विमान पर (घ) सुखोई–2 विमान पर

210. राटो परीक्षण परियोजना पर कितना धन खर्च हुआ?
(क) लगभग बीस लाख (ख) लगभग पच्चीस लाख
(ग) लगभग पचास लाख (घ) लगभग एक करोड़

211. भारतीय राटो मोटर की प्रति मोटर लागत कितने रुपए आई?
(क) दस हजार रुपए (ख) पंद्रह हजार रुपए
(ग) सत्रह हजार रुपए (घ) बीस हजार रुपए

212. आयातित राटो मोटर की कीमत कितनी थी?
(क) पच्चीस हजार रुपए प्रति मोटर
(ख) सत्ताईस हजार रुपए प्रति मोटर
(ग) तीस हजार रुपए प्रति मोटर
(घ) तैंतीस हजार रुपए प्रति मोटर

213. राटो परियोजना क्यों बंद कर दी गई?
(क) आर्थिक कारणों से
(ख) अत्यधिक कार्यभार के कारण
(ग) जिन विमानों के लिए इसे डिजाइन किया गया था, वे पुराने हो चुके थे
(घ) उपर्युक्त सभी

214. उस समय रक्षा मंत्री के वैज्ञानिक सलाहकार कौन थे?
(क) डॉ. बी.डी. नाग (ख) डॉ. कुटनिस
(ग) डॉ. डी.डी. धर (घ) डॉ. आर. कृष्णन

215. प्रो. विक्रम साराभाई को कलाम किस रूप में जानते थे?
(क) एक विख्यात चिकित्सक (ख) एक उद्योगपति वैज्ञानिक
(ग) एक राजनीतिज्ञ (घ) एक नौकरशाह

उत्तर के लिए कृपया पृष्ठ सं. 164-165 देखें।

216. इसरो का अध्यक्ष बनने से पहले साराभाई क्या थे?
(क) कई सफल विमानों के निर्माता
(ख) कई सफल बैंकों के संचालक
(ग) कई सफल औद्योगिक प्रतिष्ठानों के संस्थापक
(घ) उपर्युक्त सभी

217. केमिकल्स के क्षेत्र में साराभाई ने किस प्रतिष्ठान की स्थापना की?
(क) ग्लेक्सो (ख) एवेंटिस साराभाई
(ग) साराभाई कैमी (घ) साराभाई केमिकल्स

218. इंजीनियरिंग के क्षेत्र में साराभाई ने किस प्रतिष्ठान की स्थापना की?
(क) साराभाई हैवी इंजीनियरिंग (ख) साराभाई मशीन टूल्स
(ग) साराभाई इंजीनियरिंग ग्रुप (घ) साराभाई हैवी मशीन कंपनी

219. तिलहन से तेल निकालने के क्षेत्र में साराभाई ने किस प्रतिष्ठान की स्थापना की?
(क) स्वास्तिक ऑयल मिल्स (ख) साराभाई ऑयल कंपनी
(ग) कमल ऑयल मिल्स (घ) हिंदुस्तान ऑयल कंपनी

220. मेडिसिन के क्षेत्र में किस उत्पाद को बनाने में स्तरीय एवं मानक गुणवत्ता पर जोर दिया?
(क) एंटीबायोटिक (ख) पेनिसिलीन
(ग) पारासीटामोल (घ) एंटी वायरल

221. डॉ. ब्रह्मप्रकाश और प्रो. धवन ने मिलकर डॉ. कलाम को किस पद पर नियुक्त किया?
(क) एस.एल.वी. का परियोजना प्रबंधक
(ख) इसरो का निदेशक
(ग) रक्षा विभाग का प्रमुख
(घ) परमाणु विभाग का प्रमुख

222. श्रीहरिकोटा में डॉ. कलाम को किस चुनौती से निबटने का मौका मिला?
(क) आर्थिक अस्थिरता को दूर करने का
(ख) 8.6 टन वजन की रॉकेट मोटर प्रणाली तैयार करने का
(ग) सामंजस्य स्थापित करने का
(घ) निरंतर कार्य करने का

उत्तर के लिए कृपया पृष्ठ सं. 165 देखें।

223. श्रीहरिकोटा में दूसरी सबसे बड़ी चुनौती क्या थी?
(क) कम समय में यान के प्रक्षेपण की
(ख) यान प्रक्षेपण सुविधाओं को विकसित करने की
(ग) यान को सुरक्षित रखने की
(घ) उपर्युक्त सभी

224. मार्च 1973 में श्रीहरिकोटा में सभी परीक्षण उड़ान कितने महीने में पूरा करने का लक्ष्य तय किया गया?
(क) तीस महीने में (ख) छत्तीस महीने में
(ग) पचास महीने में (घ) चौंसठ महीने में

225. एस.एल.वी.-3 परियोजना के लिए डॉ. कलाम ने कितने इंजीनियरों और वैज्ञानिकों की जरूरत बताई थी?
(क) 230 (ख) 250
(ग) 275 (घ) 290

226. उस समय ए.एस.एल.वी. परियोजना के प्रमुख कौन बने?
(क) एस.एस.आर. देव (ख) टी. कृष्णा
(ग) जी.एस. भागवत (घ) आर. वेट्टू

227. उस समय पी.एस.एल.वी. परियोजना के प्रमुख कौन थे?
(क) के. सैनी (ख) डी. पवार
(ग) जी.के. टायलर (घ) माधवन नायर

228. एस.एल.वी.-3 परियोजना पर कार्य करने के दौरान डॉ. कलाम के दिन की शुरुआत कैसे होती थी?
(क) करीब पाँच किलोमीटर भ्रमण
(ख) करीब दो किलोमीटर प्रातःकालीन भ्रमण से
(ग) बागबानी से
(घ) गीता-पाठ से

229. भ्रमण के दौरान वे किस अतिरिक्त कार्य को निबटाते थे?
(क) रास्ते के कूड़े-कचरे को फेंक देते थे
(ख) दिन भर के कार्यक्रम बनाते थे
(ग) अखबार पढ़ते थे
(घ) गीता-पाठ करते थे

उत्तर के लिए कृपया पृष्ठ सं. 165 देखें।

230. गाइडेड मिसाइलों के क्षेत्र में अत्याधुनिक टेक्नोलॉजी की परियोजना कब स्वीकृत हुई?
(क) 1972 में (ख) 1975 में
(ग) 1982 में (घ) 1985 में

231. इस परियोजना को क्या कोड नाम दिया गया?
(क) हार्विल (ख) टेनाल
(ग) डेविल (घ) सर्विता

232. इस परियोजना के तहत पहले तीन वर्षों के लिए कितनी राशि निर्धारित की गई?
(क) पाँच लाख रुपए (ख) पाँच करोड़ रुपए
(ग) आठ लाख रुपए (घ) आठ करोड़ रुपए

233. डी.आर.डी.एल. का निदेशक किसे बनाया गया?
(क) एस. भागवत को (ख) ए. काकोदकर को
(ग) पी. लाल को (घ) नारायणन को

234. डी.आर.डी.एल. प्रयोगशाला कहाँ स्थापित की गई?
(क) बेंगलुरु के पूर्व में
(ख) हैदराबाद के दक्षिण-पूर्व उपनगर में
(ग) चेन्नई के पश्चिमी घाट पर
(घ) चेन्नई के पूर्वी घाट पर

235. एस.एल.बी.-3 के तहत सेंटोर साउंडिंग रॉकेट कब छोड़ा गया?
(क) जनवरी 1970 में (ख) जुलाई 1972 में
(ग) जून 1973 में (घ) जून 1974 में

236. इस रॉकेट को छोड़ने का उद्‌देश्य क्या था?
(क) जटिल प्रणालियों का परीक्षण करना
(ख) विश्व को भारत की क्षमता दिखाना
(ग) पाकिस्तान को डराना
(घ) उपर्युक्त सभी

237. भारत के पहले उपग्रह प्रक्षेपण यान बनाने के संबंध में संसद् में सबसे पहले आधिकारिक घोषणा किसने की?
(क) तत्कालीन रक्षामंत्री ने
(ख) तत्कालीन प्रधानमंत्री इंदिरा गांधी ने
(ग) तत्कालीन राष्ट्रपति ने
(घ) तत्कालीन गृहमंत्री ने

उत्तर के लिए कृपया पृष्ठ सं. 165 देखें।

238. पद की आधिकारिक घोषणा कब की गई?
(क) 20 जनवरी, 1965 को (ख) 20 जून, 1970 को
(ग) 24 जुलाई, 1974 को (घ) 30 दिसंबर, 1975 को

239. भारत की पहली कक्षीय उड़ान की तैयारी कब की गई?
(क) 1970 में (ख) 1975 में
(ग) 1977 में (घ) 1978 में

240. एस.एल.वी.-3 की परीक्षण उड़ान कहाँ होने वाली थी?
(क) जर्मनी में (ख) फ्रांस में
(ग) अमेरिका में (घ) ब्रिटेन में

241. एस.एल.वी.-3 एपोजी रॉकेट के ऊपरी हिस्से का विकास किस तरह से किया गया था?
(क) सुखोई की भाँति (ख) मिग की भाँति
(ग) राडार की भाँति (घ) डायामांट की भाँति

242. रॉकेट विज्ञान के क्षेत्र में उस समय का ऐसा विशेषज्ञ व्यक्ति, जिसे उस क्षेत्र का हर आदमी जानता था?
(क) कैलडॉग (ख) जोनाथन
(ग) फोन ब्रोन (घ) रोज क्राम

243. अमेरिकी सेना के लिए जुपिटर मिसाइल किसने बनाई?
(क) रोज क्राम (ख) फोन ब्रोन
(ग) रोजर (घ) सिल्वर कॉन

244. जुपिटर मिसाइल किस श्रेणी की मिसाइल थी?
(क) सी.डी.एम.डी.
(ख) सी.आर.सी.पी.
(ग) आई.आर.बी.एम. (इंटरमीडिएट रेंज बैलिस्टिक मिसाइल)
(घ) आई.बी.आर.एम.

245. जुपिटर मिसाइल की मारक क्षमता कितनी थी?
(क) एक हजार किलोमीटर (ख) दो हजार किलोमीटर
(ग) ढाई हजार किलोमीटर (घ) तीन हजार किलोमीटर

246. डॉ. कलाम की फोन ब्रोन से पहली मुलाकात कहाँ हुई?
(क) चेन्नई में (ख) मुंबई में
(ग) बेंगलुरु में (घ) दिल्ली में

उत्तर के लिए कृपया पृष्ठ सं. 165 देखें।

247. फोन ब्रोन को डॉ. कलाम अपने साथ कहाँ लेकर गए?
(क) हासन (ख) थुंबा
(ग) त्रिवेंद्रम (घ) इसरो

248. रॉकेट एवं मिसाइल के क्षेत्र की तत्कालीन उपलब्धि क्या थी?
(क) वी–98 मिसाइल (ख) सी–3 रॉकेट
(ग) वी–2 मिसाइल रॉकेट (घ) आर–3 टू रॉकेट

249. इस मिसाइल को ब्रोन की टीम ने कब तैयार किया था?
(क) 1920 में वी.एफ.आर. में (ख) 1930 में वी.एस.आर. में
(ग) 1940 में वी.टी.आर. में (घ) 1945 में टी.एस.टी. में

250. ब्रोन के साथ डॉ. कलाम मद्रास से त्रिवेंद्रम कैसे गए?
(क) ट्रेन से (ख) एवरो एयरक्राफ्ट से
(ग) कार से (घ) बस से

251. जटिल नियंत्रण प्रणाली के दौरान क्या दुर्घटना हुई?
(क) चेंजर में आग लग गई
(ख) इंजन में आग लग गई
(ग) क्लोरो फ्लोरो कार्बन (सी.एफ.सी.) का टैंक फट गया
(घ) नाइट्रिक एसिड (आर.एफ.एन.ए.) का टैंक फट गया

252. उस दुर्घटना में डॉ. कलाम के कितने साथी घायल हुए थे?
(क) 6 (ख) 8
(ग) 10 (घ) 15

253. इन घायलों में कार्य के प्रति सबसे ज्यादा जिम्मेदार कौन था?
(क) आर. कृष्णैया (ख) जी. जोनाथन
(ग) शिवरामकृष्णन (घ) सी. सुब्रह्मण्यम

254. एस.एल.वी.–3 के निर्माण का अंतिम चरण कब पूरा हुआ?
(क) सन् 1975 में (ख) सन् 1979 में
(ग) सन् 1985 में (घ) सन् 1989 में

255. एस.एल.वी.–3 का पहला प्रायोगिक उड़ान परीक्षण कब निर्धारित किया गया था?
(क) 10 जनवरी, 1975 (ख) 10 मार्च, 1977
(ग) 10 जून, 1978 (घ) 10 अगस्त, 1979

उत्तर के लिए कृपया पृष्ठ सं. 165 देखें।

256. इस अभियान का मुख्य उद्देश्य क्या था?
(क) श्रीहरिकोटा प्रक्षेपण केंद्र में पूर्णरूप से समेकित प्रक्षेपण यान विकसित करना
(ख) हासन में प्रक्षेपण केंद्र की स्थापना करना
(ग) त्रिवेंद्रम में इसरो को उत्कृष्ट संस्था बनाना
(घ) उपर्युक्त सभी

257. इस एल.एल.वी.-3 रॉकेट का आकार कितना बड़ा था?
(क) 23 मीटर लंबा (ख) 25 मीटर लंबा
(ग) 30 मीटर लंबा (घ) 33 मीटर लंबा

258. इस एस.एल.वी.-3 रॉकेट को कितने बजे छोड़ा गया?
(क) शाम 9 बजकर 50 मिनट पर
(ख) सुबह 9 बजकर 50 पचास मिनट पर
(ग) सुबह 7 बजकर 58 मिनट पर
(घ) शाम 7 बजे

259. इस एस.एल.वी.-3 रॉकेट का वजन कितना था?
(क) 15 टन (ख) 17 टन
(ग) 20 टन (घ) 22 टन

260. डॉ. ब्रह्मप्रकाश कब सेवानिवृत्त हुए?
(क) नवंबर 1975 में (ख) नवंबर 1977 में
(ग) नवंबर 1978 में (घ) नवंबर 1979 में

261. श्रीहरिकोटा रॉकेट प्रक्षेपण केंद्र से एस.एल.वी.-3 ने कब और किस समय उड़ान भरी थी?
(क) 10 जनवरी, 1978 को सुबह 9 बजे
(ख) 10 मार्च, 1979 को शाम 7 बजे
(ग) 18 जुलाई, 1980 को सुबह 8.03 मिनट पर
(घ) 18 नवंबर, 1985 को शाम 6.10 मिनट पर

262. एस.एल.वी.-3 उड़ान को सफल बनाने का सबसे पहला श्रेय किसे जाता है?
(क) प्रो. वरदराजन को (ख) प्रो. विक्रम साराभाई को
(ग) डॉ. कलाम को (घ) प्रो. काकोदकर को

263. 'भारतीय अंतरिक्ष कार्यक्रम का पितामह' किसे कहा जाता है?
(क) प्रो. विक्रम साराभाई को (ख) डॉ. कलाम को
(ग) प्रो. कलमकट्टी को (घ) प्रो. सुब्रह्मण्यम को

उत्तर के लिए कृपया पृष्ठ सं. 165 देखें।

264. एस.एल.वी.-3 परियोजना का अगला लक्ष्य क्या था?
(क) सुपर कंप्यूटर-युक्त उपग्रह तैयार करना
(ख) सुपर इंजन-युक्त उपग्रह तैयार करना
(ग) इसी श्रेणी का स्थिर उपग्रह यान तैयार करना
(घ) इसी श्रेणी का परिचालन उपग्रह प्रक्षेपण यान तैयार करना

265. रि-एंट्री एक्सपेरिमेंट (रैक्स) आगे चलकर किस रूप में सामने आया?
(क) 'पृथ्वी' के रूप में (ख) 'अग्नि' के रूप में
(ग) 'ब्रह्मोस' के रूप में (घ) उपर्युक्त कोई नहीं

266. एस.एल.वी.-3 की दूसरी उड़ान कब हुई?
(क) एस.एल.वी.-5 सी-6 के रूप में जनवरी 1980 में
(ख) जनवरी 1981 में
(ग) मार्च 1981 में
(घ) एस.एल.वी.-3 डी-1 के रूप में 31 मई, 1981 को

267. इस बार डॉ. कलाम इस यान का प्रक्षेपण कहाँ से देख रहे थे?
(क) नियंत्रण कक्ष के बाहर से (ख) नियंत्रण कक्ष के अंदर से
(ग) प्रयोगशाला से (घ) उपर्युक्त कोई नहीं

268. एस.एल.वी.-3 पर व्याख्यान देने के लिए डॉ. कलाम को कब और कहाँ बुलाया गया था?
(क) जनवरी 1980 में हाई एल्टीट्यूड केंद्र, बेंगलुरु में
(ख) जनवरी 1981 में हाई एल्टीट्यूड लेबोरेटरी, देहरादून में
(ग) इसरो में
(घ) डी.आर.डी.ओ., नई दिल्ली में

269. उस समय रक्षा मंत्री के वैज्ञानिक सलाहकार कौन थे?
(क) प्रो. के. कृष्णन (ख) प्रो. विजयनाथन
(ग) प्रो. राजा रमन्ना (घ) प्रो. राम नागेश्वर

270. प्रो. रमन्ना ने डॉ. कलाम के समक्ष क्या प्रस्ताव रखा?
(क) डी.आर.डी.एल. में गाइडेड मिसाइल विकास कार्यक्रम की जिम्मेदारी सँभालने का प्रस्ताव
(ख) इसरो का निदेशक बनने का
(ग) नासा में जाने का
(घ) ब्रह्मोस के परीक्षण का

उत्तर के लिए कृपया पृष्ठ सं. 165-166 देखें।

271. डॉ. कलाम को किस वर्ष 'पद्म भूषण' सम्मान दिया गया?
(क) सन् 1978 में (ख) सन् 1979 में
(ग) सन् 1980 में (घ) सन् 1981 में

272. डॉ. कलाम को 'पद्म भूषण' सम्मान दिए जाने की सूचना किसने दी?
(क) डॉ. ब्रह्मप्रकाश ने
(ख) प्रो. यू.आर. राव के सचिव महादेवन ने
(ग) प्रो. साराभाई ने
(घ) प्रो. काकोदकर ने

273. डॉ. कलाम को 'पद्म भूषण' की सूचना के बाद दूसरा फोन किसका आया?
(क) प्रो. साराभाई का
(ख) प्रो. श्रीनिवासन का
(ग) प्रो. धवन का
(घ) प्रो. राठी का

274. डॉ. कलाम ने डी.आर.डी.एल. निदेशक का पदभार कब सँभाला?
(क) 1 जून, 1982 को
(ख) 3 सितंबर, 1985 को
(ग) 11 अक्तूबर, 1988 को
(घ) 22 सितंबर, 1990 को

275. डी.आर.डी.एल. में कार्य करते हुए डॉ. कलाम ने किस प्रख्यात कार्यक्रम की शुरुआत की?
(क) इंटीग्रेटेड गाइडेड मिसाइल डेवलपमेंट कार्यक्रम
(ख) इंटीग्रेटेड रॉकेट कार्यक्रम
(ग) लक्ष्य विमान कार्यक्रम
(घ) मानव-रहित विमान कार्यक्रम

276. डॉ. कलाम ने डी.आर.डी.एल. कब जॉइन किया?
(क) जनवरी 1980 में (ख) मार्च 1980 में
(ग) मार्च 1981 में (घ) अप्रैल 1982 में

277. उस समय डी.आर.डी.एल. के निदेशक कौन थे?
(क) के.के. वालिया (ख) जे.आर. हसन
(ग) एस.एल. बंसल (घ) टी.पी. राणा

उत्तर के लिए कृपया पृष्ठ सं. 166 देखें।

278. उस दौरान अन्ना विश्वविद्यालय, मद्रास ने डॉ. कलाम को किस मानद उपाधि से सम्मानित किया?
(क) 'डॉक्टर ऑफ रॉकेट' की मानद उपाधि से
(ख) 'डॉक्टर ऑफ साइंस' की मानद उपाधि से
(ग) 'डॉक्टर ऑफ मैथमेटिक्स' की मानद उपाधि से
(घ) 'डॉक्टर ऑफ लिटरेचर' की मानद उपाधि से

279. डॉ. कलाम को डी.आर.डी.एल. का निदेशक कब नियुक्त किया गया?
(क) फरवरी 1980 में (ख) फरवरी 1982 में
(ग) जून 1985 में (घ) जून 1988 में

280. उस समय रक्षा मंत्री के वैज्ञानिक सलाहकार कौन थे?
(क) डॉ. वी.एस. अरुणाचलम (ख) डॉ. धनेश्वर
(ग) प्रो. धवन (घ) प्रो. वार्ष्णेय

281. यह प्रस्ताव कैसे पारित हुआ?
(क) गृहमंत्री की सिफारिश पर संसद् से
(ख) रक्षा मंत्री की सिफारिश पर कैबिनेट से
(ग) प्रधानमंत्री की सिफारिश पर लोकसभा से
(घ) रक्षा सचिव की सिफारिश पर रक्षा मंत्रालय से

282. इस मद में कितनी रकम आवंटित की गई थी?
(क) 200 करोड़ रुपए (ख) 308 करोड़ रुपए
(ग) 388 करोड़ रुपए (घ) 404 करोड़ रुपए

283. जमीन से जमीन पर मार करनेवाली मिसाइल प्रणाली को क्या नाम दिया गया?
(क) अग्नि (ख) त्रिशूल
(ग) नाग (घ) पृथ्वी

284. टेक्टिकल कोर व्हीकल को क्या नाम दिया गया?
(क) अग्नि (ख) त्रिशूल
(ग) गजनी (घ) गौरी

285. जमीन से हवा में मार करनेवाली प्रणाली को क्या नाम दिया गया?
(क) गौरी (ख) अंबर
(ग) गजनी (घ) आकाश

उत्तर के लिए कृपया पृष्ठ सं. 166 देखें।

286. टैंक-रोधी मिसाइल परियोजना को क्या नाम दिया गया?
(क) नाग (ख) काल
(ग) टोंक (घ) जादू

287. रि-एंट्री एक्सपेरिमेंट (रेक्स) को क्या नाम दिया गया?
(क) त्रिशूल (ख) अग्नि
(ग) तलवार (घ) धनुष

288. आई.जी.एम.डी.पी. की औपचारिक शुरुआत कब हुई?
(क) 25 जुलाई, 1978 को (ख) 25 जुलाई, 1979 को
(ग) 27 जुलाई, 1980 को (घ) 27 जुलाई, 1985 को

289. इसकी औपचारिक शुरुआत किसके द्वारा की गई?
(क) डॉ. ब्रह्मप्रकाश (ख) डॉ. अरुणाचलम
(ग) डॉ. सतीश धवन (घ) डॉ. कलाम

290. एस.एल.वी.-3 के द्वारा 'रोहिणी' को पृथ्वी की कक्षा में कब स्थापित किया गया था?
(क) 18 जुलाई, 1980 को (ख) 13 मार्च, 1981 को
(ग) 19 अप्रैल, 1983 को (घ) 20 मई, 1985 को

291. यह दिन डॉ. कलाम के लिए कितना महत्त्वपूर्ण था?
(क) जीवन का पहला महत्त्वपूर्ण दिन
(ख) जीवन का अविस्मरणीय क्षण
(ग) जीवन का प्रथम स्वर्णिम दिवस
(घ) कर्म जीवन का दूसरा महत्त्वपूर्ण दिन

292. 'पृथ्वी' परियोजना के नेतृत्व के लिए चल रही डॉ. कलाम की खोज कहाँ पर खत्म हुई?
(क) कर्नल वी.जे. सुंदरम के साथ (ख) कैप्टन राजशेखर के साथ
(ग) प्रो. सतीश धवन के साथ (घ) प्रो. केशव के साथ

293. कर्नल सुंदरम क्या थे?
(क) भारतीय सेना के वायरलेस कोर में थे
(ख) भारतीय सेना में ई.एम.ई. कोर में थे
(ग) रक्षा विशेषज्ञ थे
(घ) रक्षा सचिव थे

उत्तर के लिए कृपया पृष्ठ सं. 166 देखें

294. कर्नल सुंदरम को किस क्षेत्र में विशेषज्ञता हासिल थी?
(क) कंप्यूटर के क्षेत्र में
(ख) पनडुब्बी के क्षेत्र में
(ग) खनन के क्षेत्र में
(घ) एयरोनॉटिकल इंजीनियरिंग में स्नातकोत्तर और मेकैनिकल वाइब्रेशन के विशेषज्ञ

295. कर्नल सुंदरम डी.आर.डी.एल. में क्या थे?
(क) कोर ग्रुप के निदेशक (ख) स्ट्रक्चर्स ग्रुप के प्रमुख
(ग) कंप्यूटर विभाग के प्रमुख (घ) निदेशक

296. 'त्रिशूल' परियोजना के नेतृत्व के लिए कैसे विशेषज्ञ की तलाश थी?
(क) जिसे इलेक्ट्रॉनिक्स एवं मिसाइल युद्ध की ठोस जानकारी हो
(ख) जिसे कंप्यूटर एवं रॉकेट की ठोस जानकारी हो
(ग) जिसे गणित की ठोस जानकारी हो
(घ) जिसे सभी प्रकार के इंजनों की जानकारी हो

297. 'त्रिशूल' परियोजना का नेतृत्व किसे सौंपा गया?
(क) कर्नल सुंदरम को (ख) प्रो. धवन को
(ग) कमांडर एस.आर. मोहन को (घ) डॉ. कलाम को

298. 'अग्नि' परियोजना के नेतृत्व के लिए डॉ. कलाम ने किसका चयन किया?
(क) अनिल काकोदकर का (ख) जी. गणेशन का
(ग) रामचंद्रन का (घ) आर.एन. अग्रवाल का

299. आर.एन. अग्रवाल पर अब तक क्या दायित्व रहा था?
(क) डी.आर.डी.एल. का प्रबंधन
(ख) डी.आर.डी.एल. में वैमानिकी परीक्षण सुविधाओं का प्रबंधन
(ग) डी.आर.डी.ओ. का प्रबंधन
(घ) इसरो का प्रबंधन

300. 'आकाश' परियोजना के लिए किसे चुना गया?
(क) प्रह्लाद को (ख) जोसेफ को
(ग) सामराइन को (घ) जमनालाल को

301. 'नाग' परियोजना के लिए डॉ. कलाम ने किसका चयन किया?
(क) सी. चिदंबरम का (ख) बंगारप्पा का
(ग) एन.आर. अय्यर का (घ) वानकुट्टन का

उत्तर के लिए कृपया पृष्ठ सं. 166 देखें।

302. डॉ. ब्रह्मप्रकाश का निधन कब हुआ?
(क) 30 मार्च, 1982 को (ख) 3 जनवरी, 1984 को
(ग) 13 अप्रैल, 1985 को (घ) 23 अगस्त, 1988 को

303. पहले स्वदेशी स्ट्रैप डाउन-इनर्शियल गाइडेंस सिस्टम के परीक्षण के लिए मिसाइल कब दागी गई?
(क) 22 जून, 1980 को (ख) 21 अगस्त, 1982 को
(ग) 20 नवंबर, 1983 को (घ) 26 जून, 1984 को

304. प्रधानमंत्री इंदिरा गांधी का डॉ. कलाम के कार्यकाल में डी.आर.डी.एल. का दौरा कब हुआ?
(क) 19 अक्तूबर, 1983 को (ख) 19 नवंबर, 1983 को
(ग) 19 जुलाई, 1984 को (घ) 13 दिसंबर, 1985 को

305. तत्कालीन प्रधानमंत्री इंदिरा गांधी द्वारा पूछने पर कि 'पृथ्वी' का उड़ान परीक्षण कब होगा, डॉ. कलाम ने क्या जवाब दिया था?
(क) मई 1986 में (ख) जून 1987 में
(ग) अप्रैल 1988 में (घ) मई 1985 में

306. इस दौरान टी.एन. शेषन भारत सरकार में किस पद पर तैनात थे?
(क) गृह सचिव (ख) वित्त सचिव
(ग) पर्यावरण सचिव (घ) रक्षा सचिव

307. टी.एन. शेषन के बारे में डॉ. कलाम गोपनीय बात क्या बताते हैं?
(क) शेषन डॉ. कलाम को पूरा नाम लेकर पुकारते थे
(ख) शेषन डॉ. कलाम को सिर्फ ए.पी.जे. बोलते थे
(ग) शेषन डॉ. कलाम को सिर्फ डॉक्टर कहकर पुकारते थे
(घ) उपर्युक्त कोई नहीं

308. एस.एल.वी.-3 छोड़े जाने के पश्चात् भारत उपग्रह प्रक्षेपण क्षमता हासिल करनेवाला दुनिया का कौन सा देश बन गया?
(क) दूसरा (ख) तीसरा
(ग) पाँचवाँ (घ) सातवाँ

309. इंदिरा गांधी की हत्या के समय डॉ. कलाम कहाँ थे?
(क) चेन्नई में (ख) हैदराबाद में
(ग) बेंगलुरु में (घ) दिल्ली में

उत्तर के लिए कृपया पृष्ठ सं. 166 देखें।

310. कंचा में मिसाइल टेक्नोलॉजी रिसर्च सेंटर के भवन-निर्माण का बुनियादी काम कब तब पूरा हो पाया था?
(क) सन् 1982 की गरमियों तक
(ख) अक्तूबर 1983 में
(ग) नवंबर 1984 में
(घ) सन् 1985 की गरमियों तक

311. रिसर्च सेंटर इमारत (आर.सी.आई.) की नींव कब रखी गई थी?
(क) 3 अगस्त, 1985 को (ख) 4 अक्तूबर, 1986 को
(ग) 10 नवंबर, 1987 को (घ) 25 दिसंबर, 1980 को

312. आर.सी.आई. की नींव किसने रखी थी?
(क) प्रधानमंत्री इंदिरा गांधी ने (ख) राष्ट्रपति ज्ञानी जैल सिंह ने
(ग) प्रधानमंत्री राजीव गांधी ने (घ) उपर्युक्त में कोई नहीं

313. अमेरिकी वायुसेना के निमंत्रण पर डॉ. कलाम किसके साथ अमेरिका गए?
(क) डॉ. ब्रह्मप्रकाश (ख) डॉ. सतीश धवन
(ग) डॉ. रंगराजन (घ) डॉ. अरुणाचलम

314. मिसाइल कार्यक्रम का पहला प्रक्षेपण कब किया गया?
(क) 10 जून, 1984 को (ख) 16 सितंबर, 1985 को
(ग) 15 सितंबर, 1986 को (घ) 25 अगस्त, 1990 को

315. मिसाइल कार्यक्रम के पहले प्रक्षेपण में किस मिसाइल को छोड़ा गया?
(क) श्रीहरिकोटा स्थित परीक्षण रेंज से 'त्रिशूल' को छोड़ा गया
(ख) 'पृथ्वी' को छोड़ा गया
(ग) 'नाग' को छोड़ा गया
(घ) 'आकाश' को छोड़ा गया

316. इस उड़ान में किस प्रकार के ईंधन का उपयोग किया गया?
(क) द्रव ईंधन का (ख) गैस ईंधन का
(ग) ठोस ईंधन का (घ) उपर्युक्त सभी का

317. 'त्रिशूल' के बाद किसका सफल उड़ान परीक्षण किया गया?
(क) आकाश का
(ख) पृथ्वी का
(ग) पायलट सहित विमान राजस का
(घ) पायलट रहित लक्ष्य विमान (पी.टी.ए.) का

उत्तर के लिए कृपया पृष्ठ सं. 166-167 देखें।

318. पी.टी.ए. के लिए रॉकेट मोटर कहाँ विकसित किया गया?
(क) बेंगलुरु स्थित एयरोनॉटिकल डेवलपमेंट इस्टेब्लिशमेंट में
(ख) हैदराबाद स्थित प्रयोगशाला में
(ग) चेन्नई स्थित डी.आर.डी.एल. में
(घ) दिल्ली विज्ञान प्रयोगशाला में

319. इस अभियान के दौरान श्रीहरिकोटा प्रक्षेपण केंद्र के निदेशक कौन थे?
(क) रामशंकरन (ख) कुरुप
(ग) जी. टंडन (घ) जी. राम

320. 'पृथ्वी' मिसाइल का प्रक्षेपण कब किया गया?
(क) 25 जनवरी, 1985 को दिन में 12 बजे
(ख) 25 अगस्त, 1986 को शाम 6 बजे
(ग) 25 फरवरी, 1988 को दिन में 11:23 बजे
(घ) 31 दिसंबर, 1989 को सुबह 07:15 बजे

321. देश में रॉकेट विज्ञान के इतिहास में इसे कैसी घटना के रूप में देखा जाता है?
(क) युगांतरकारी घटना (ख) परिवर्तनकारी
(ग) क्रांतिकारी (घ) शांतिप्रिय

322. 'पृथ्वी' की मारक क्षमता कितनी दूरी तक थी?
(क) 100 किलोमीटर तक (ख) 150 किलोमीटर तक
(ग) 200 किलोमीटर तक (घ) 300 किलोमीटर तक

323. इसमें कितनी विस्फोटक सामग्री ले जाने की क्षमता थी?
(क) 500 किलाग्राम (ख) 700 किलोग्राम
(ग) 900 किलोग्राम (घ) 1000 किलोग्राम

324. 'पृथ्वी' की परिशुद्धता कितनी थी?
(क) 10 सी.ई.पी. (ख) 20 सी.ई.पी.
(ग) 50 सी.ई.पी. (घ) 79 सी.ई.पी.

325. 'अग्नि' का प्रथम प्रक्षेपण कब का तय किया गया था?
(क) 20 अप्रैल, 1989 को (ख) 20 मार्च, 1990 को
(ग) 25 अगस्त, 1991 को (घ) 27 अगस्त, 1992 को

326. 'अग्नि' के पहले प्रक्षेपण का क्या हुआ?
(क) समय पर हो सका (ख) समय से कुछ देर बाद हुआ
(ग) यह सफल रहा (घ) यह असफल रहा

उत्तर के लिए कृपया पृष्ठ सं. 167 देखें।

327. मीडिया ने मिसाइल प्रक्षेपण रद्द होने पर क्या प्रतिक्रिया दी?
(क) इस दिन को काला दिवस कहा
(ख) इसे तरह-तरह से उछाला गया
(ग) इस दिन को शर्मनाक दिन कहा
(घ) उपर्युक्त सभी

328. 'अग्नि' के अगले प्रक्षेपण हेतु कौन सी तिथि निर्धारित की गई?
(क) 2 अगस्त, 1985 (ख) 3 फरवरी, 1986
(ग) 1 मई, 1989 (घ) 4 अगस्त, 1990

329. इसके बाद की कौन सी तिथि निर्धारित की गई?
(क) 22 मई, 1989 (ख) 30 अगस्त, 1990
(ग) 3 मार्च, 1991 (घ) 4 अप्रैल, 1992

330. उस समय भारत के रक्षा मंत्री कौन थे?
(क) जगजीवन राम (ख) वी.पी. सिंह
(ग) अटल बिहारी वाजपेयी (घ) के.सी. पंत

331. 'अग्नि' के सफल प्रक्षेपण पर डॉ. कलाम ने रक्षा मंत्री से क्या उपहार माँगा था?
(क) एक उन्नत लाइब्रेरी की स्थापना का
(ख) आर.सी.सी. में एक लाख छोटे पौधे लगाने का
(ग) एक उन्नत प्रयोगशाला बनाने का
(घ) डी.आर.डी.ओ. में फूलों का बगीचा लगाने का

332. अग्नि-II मिसाइल की मारक क्षमता कितने किलोमीटर की है?
(क) 2,000 किलोमीटर से कम
(ख) 1,000 किलोमीटर
(ग) 2,000 किलोमीटर से
(घ) 1,500 किलोमीटर अधिक

333. जहाज, पनडुब्बी, विमान, जमीन या ऊँची इमारत से छोड़ी जानेवाली विमान भेदी मिसाइल का नाम है—
(क) अग्नि मिसाइल
(ख) ब्रह्मोस सुपरसोनिक क्रूज मिसाइल
(ग) पृथ्वी मिसाइल
(घ) सागरिका मिसाइल

उत्तर के लिए कृपया पृष्ठ सं. 167 देखें।

334. पोलियो के रोगियों के लिए बननेवाले 300 ग्राम वजन के धातु कैलिपर में लगनेवाले उस हलके पदार्थ का क्या नाम है, जिसका आविष्कार डॉ. कलाम ने किया है?

(क) कार्बन–कार्बन (ख) कार्बन–हीलियम

(ग) कार्बन–ऑक्सीजन (घ) कार्बन–आकर्षण

335. 11 और 13 मई, 1998 को जब डॉ. कलाम ने परमाणु बम का परीक्षण कर दुनिया को चौंका दिया था, उस समय भारत के प्रधानमंत्री कौन थे?

(क) श्री पी.वी. नरसिम्हाराव

(ख) डॉ. मनमोहन सिंह

(ग) श्री चंद्रशेखर

(घ) श्री अटल बिहारी वाजपेयी

336. विषम परिस्थितियों में जब कोई जिम्मेदारी डॉ. कलाम के ऊपर आती थी, तो वे किनकी शिक्षाओं और सुझावों को याद किया करते थे?

(क) अपने चाचा के (ख) अपने शिक्षक के

(ग) अपने पिता के (घ) अपने धर्मगुरु के

337. इमेजिंग इन्फ्रारेड (आई.आई.आर.) और मिलीमीट्रिक वेव (एम.एम.डब्ल्यू.) राडार तकनीकी के क्षेत्र में डॉ. कलाम और उनकी टीम को अंतरराष्ट्रीय स्तर पर हो रहे शोध एवं विकास की अग्रिम पंक्ति में लानेवाली मिसाइल का नाम है—

(क) अग्नि (ख) नाग

(ग) पृथ्वी (घ) धनुष

338. 'पृथ्वी' का दूसरा उड़ान परीक्षण कब हुआ?

(क) दिसंबर 1987 में (ख) सितंबर 1988 में

(ग) अगस्त 1989 में (घ) जनवरी 1990 में

339. डॉ. कलाम को किस वर्ष 'पद्म विभूषण' सम्मान दिया गया?

(क) वर्ष 1990 में (ख) वर्ष 1991 में

(ग) वर्ष 1992 में (घ) वर्ष 1983 में

340. डॉ. कलाम के साथ और किसे यह सम्मान मिला?

(क) डॉ. ब्रह्मप्रकाश को (ख) डॉ. काकोदकर को

(ग) डॉ. अरुणाचलम को (घ) डॉ. संपत को

उत्तर के लिए कृपया पृष्ठ सं. 167 देखें।

341. डॉ. कलाम ने देश का चौवालीसवाँ स्वतंत्रता दिवस कैसे मनाया?
(क) 'आकाश' की परीक्षण उड़ान से
(ख) 'पृथ्वी' की परीक्षण उड़ान से
(ग) 'नाग' की परीक्षण उड़ान से
(घ) 'त्रिशूल' की परीक्षण उड़ान से

342. राँची से बोकारो जाते समय किस दिन डॉ. कलाम का हैलिकॉप्टर दुर्घटनाग्रस्त हो गया था?
(क) 30 सितंबर, 2001 को (ख) 30 अक्तूबर, 2002 को
(ग) 30 नवंबर, 2003 को (घ) 30 दिसंबर, 2004 को

343. डॉ. कलाम ने भारतीय अंतरिक्ष अनुसंधान परिषद् में कितने वर्षों तक कार्य किया?
(क) 1960 से 1970 के दौरान (ख) 1963 से 1982 के दौरान
(ग) 1965 से 1985 के दौरान (घ) 1967 से 1985 के दौरान

344. डॉ. कलाम के दूसरे चरण की शुरुआत कहाँ से मानी जाती है?
(क) सन् 1980 में इसरो से
(ख) सन् 1981 में नासा से
(ग) सन् 1981 में देहरादून प्रयोगशाला से
(घ) सन् 1982 में रक्षा अनुसंधान और विकास संगठन से

345. डॉ. कलाम ने भारत सरकार के प्रमुख वैज्ञानिक सलाहकार का पद कब सँभाला?
(क) जनवरी 1990 में (ख) जनवरी 1995 में
(ग) नवंबर 1999 में (घ) नवंबर 2001 में

346. डॉ. कलाम ने प्रधानमंत्री को अवकाश प्राप्त करने के बारे में कब बताया?
(क) 10 जनवरी, 2000 को (ख) 12 अक्तूबर, 2001 को
(ग) 20 फरवरी, 2000 को (घ) 23 मार्च, 2001 को

347. खगोलविद् एवं गणितज्ञ आर्यभट्ट का जन्म कब और कहाँ हुआ था?
(क) 346 ई. में राजगीर में (ख) 350 ई. में नालंदा में
(ग) 375 ई. में वैशाली में (घ) 476 ई. में कुसुमपुर (पटना)

348. भारत ने अपने पहले प्रक्षेपित उपग्रह का नाम क्या रखा था?
(क) आर्यभट्ट (ख) भारतम्
(ग) रामानुजन (घ) स्पुतनिक

उत्तर के लिए कृपया पृष्ठ सं. 167 देखें।

349. सन् 1948 में रक्षामंत्री के वैज्ञानिक सलाहकार कौन थे?
(क) डॉ. अनुपम चौधरी (ख) डॉ. रायचौधरी
(ग) डॉ. डी.एस. कोठारी (घ) डॉ. रामप्रीत

350. डॉ. भाभा ने ब्रह्मांडीय विकिरण पर शोधकार्य कब किया?
(क) सन् 1930 से 1939 के दौरान
(ख) सन् 1935 से 1945 के दौरान
(ग) सन् 1939 से 1942 के दौरान
(घ) सन् 1940 से 1945 के दौरान

351. डॉ. भाभा और सी.वी. रमन ने साथ-साथ काम कब शुरू किया?
(क) 1935 में हैदराबाद स्थित प्रयोगशाला से
(ख) 1939 में बैंगलुरु स्थित इंडियन इंस्टीट्यूट ऑफ साइंस से
(ग) 1940 में तिरुअनंतपुरम् से
(घ) उपर्युक्त कोई नहीं

352. टाटा इंस्टीट्यूट ऑफ फंडामेंटल रिसर्च की स्थापना किसने की?
(क) डॉ. सी.वी. रमन ने
(ख) डॉ. साराभाई ने
(ग) डॉ. जे.आर.डी. टाटा ने
(घ) डॉ. भाभा ने

353. डॉ. भाभा ने आणविक ऊर्जा आयोग का गठन कब किया?
(क) 1945 में (ख) 1948 में
(ग) 1949 में (घ) 1950 में

354. अहमदाबाद में फिजिकल रिसर्च लेबोरेटरी की स्थापना किसने की?
(क) डॉ. धवन ने (ख) डॉ. ब्रह्मप्रकाश ने
(ग) डॉ. साराभाई ने (घ) डॉ. सरदेसाई ने

355. थुंबा में वायुमंडल शोध के लिए साउंडिंग रॉकेटों का प्रक्षेपण कब शुरू किया गया?
(क) 1960 में (ख) 1962 में
(ग) 1963 में (घ) 1964 में

356. स्पेस साइंस ऐंड टेक्नोलॉजी सेंटर की स्थापना किसने की?
(क) डॉ. साराभाई ने (ख) डॉ. सतीश धवन ने
(ग) डॉ. सी.वी. रमन ने (घ) डॉ. चंद्रशेखर ने

उत्तर के लिए कृपया पृष्ठ सं. 167 देखें।

357. अंतरिक्ष अनुसंधान केंद्र के लिए डॉ. साराभाई कब से एक उपयुक्त स्थान की तलाश कर रहे थे?

(क) सन् 1960 से (ख) सन् 1961 से
(ग) सन् 1962 से (घ) सन् 1963 से

358. इस केंद्र की स्थापना हेतु वे कैसी जगह की तलाश में थे?

(क) विषुवत् रेखा के निकट (ख) प्रशांत महासागर के तट पर
(ग) हिंद महासागर के तट पर (घ) भूमध्य रेखा के आस-पास

359. अंतरिक्ष अनुसंधान केंद्र की स्थापना हेतु उपयुक्त स्थल किसे माना गया?

(क) कर्नाटक में हासन को (ख) केरल में थुंबा को
(ग) केरल में तिरुअनंतपुरम को (घ) आंध्र प्रदेश में हैदराबाद को

360. डॉ. कलाम को साराभाई के साथ कब तक काम करने का अवसर मिला?

(क) सन् 1963 से 1971 तक (ख) सन् 1964 से 1970 तक
(ग) सन् 1965 से 1975 तक (घ) सन् 1967 से 1977 तक

361. डॉ. कलाम ने साराभाई के साथ ज्यादातर समय कहाँ काम किया?

(क) हैदराबाद प्रयोगशाला में (ख) थुंबा परीक्षण केंद्र में
(ग) तिरुअनंतपुरम् अंतरिक्ष केंद्र में (घ) हासन प्रक्षेपण केंद्र में

362. भारत-रूस के बीच उक्त प्रौद्योगिकी आधारित संयुक्त उपक्रम किस दशक में स्थापित किया गया?

(क) 1960 के दशक में (ख) 1970 के दशक में
(ग) 1980 के दशक में (घ) 1990 के दशक में

363. इस संयुक्त उपक्रम हेतु रूस की ओर से पहल किसने की थी?

(क) डॉ. याकोहामा ने (ख) डॉ. येफ्रोमोफ ने
(ग) डॉ. कासरोप ने (घ) डॉ. जॉन डॉट ने

364. डॉ. येफ्रोमोफ रूस में डॉ. कलाम को कहाँ-कहाँ घुमाने ले गए?

(क) उन प्रौद्योगिकी केंद्रों में, जो आमतौर पर विदेशियों को नहीं दिखाए जाते हैं
(ख) उन बगीचों में, जहाँ सुंदर-सुंदर फूल थे
(ग) उस लाइब्रेरी में, जहाँ विज्ञान से संबंधित किताबें थीं
(घ) उन अस्पतालों में, जहाँ हृदय रोगी भरती थे

365. दोनों देशों के संयुक्त उपक्रम को क्या नाम दिया गया?

(क) आत्मांस (ख) कारांस
(ग) ब्रह्मोस (घ) जेरांस

उत्तर के लिए कृपया पृष्ठ सं. 167-168 देखें।

366. 'ब्रह्मोस' नाम का चयन कैसे किया गया?
   (क) ब्रह्म और उसके अंश के नाम पर
   (ख) ब्रह्म और अक्षांश के नाम पर
   (ग) ब्रह्मपुत्र और असांस पर्वत के नाम पर
   (घ) ब्रह्मपुत्र एवं मास्को नदियों के नाम पर

367. ब्रह्मोस की पहली उड़ान कहाँ से हुई?
   (क) बेंगलुरु से (ख) चाँदीपुर से
   (ग) हैदराबाद से (घ) थुंबा से

368. ब्रह्मोस की पहली उड़ान किस वर्ष हुई?
   (क) 6 जून, 1999 को (ख) 7 जुलाई, 1999 को
   (ग) 12 जून, 2001 को (घ) 12 जून, 2002 को

369. ब्रह्मोस की दूसरी उड़ान कब हुई?
   (क) 28 अप्रैल, 2002 को (ख) 19 अगस्त, 2003 को
   (ग) 22 दिसंबर, 2004 को (घ) 23 जनवरी, 2005 को

370. चंडीपुर कहाँ स्थित है?
   (क) कर्नाटक में हासन के निकट (ख) बिहार में राजगीर के निकट
   (ग) हैदराबाद में (घ) उड़ीसा में बालासोर के निकट

371. बालासोर से चंडीपुर कितनी दूर है?
   (क) 16 किलोमीटर (ख) 18 किलोमीटर
   (ग) 20 किलोमीटर (घ) 22 किलोमीटर

372. कोलकाता से बालासोर कितनी दूर स्थित है?
   (क) 231 किलोमीटर (ख) 234 किलोमीटर
   (ग) 240 किलोमीटर (घ) 245 किलोमीटर

373. चंडीपुर का अर्थ क्या है?
   (क) चंडी का मुहल्ला (ख) चंडी यानी दुर्गा का निवास
   (ग) चंडी का किला (घ) चंडी की नदी

374. चंडीपुर में समुद्र की लहरें कितने पीछे तक जाती हैं?
   (क) एक किलोमीटर तक
   (ख) दो किलोमीटर तक
   (ग) ढाई किलोमीटर तक
   (घ) तीन किलोमीटर तक

उत्तर के लिए कृपया पृष्ठ सं. 168 देखें।

375. अन्ना विश्वविद्यालय में डॉ. कलाम ने किस विषय पर व्याख्यान दिया था?

(क) आध्यात्मिक विषय पर

(ख) रॉकेट प्रणाली पर

(ग) प्रौद्योगिकी तथा उनके विविध आयाम पर

(घ) धर्म के प्रयोग पर

376. डॉ. अमर्त्य सेन के अनुसार, मई 1998 में भारत द्वारा परमाणु परीक्षण करने का फैसला कैसा था?

(क) अभी इसकी जरूरत नहीं थी (ख) आधारहीन कार्य था

(ग) बिलकुल सही था (घ) सही नहीं था

377. डॉ. कलाम ने अमर्त्य सेन के विचारों पर क्या प्रतिक्रिया दी थी?

(क) डॉ. सेन शायद भारत को पश्चिम के नजरिए से देखते हैं

(ख) डॉ. सेन भारत को निर्बल राष्ट्र समझते हैं

(ग) डॉ. सेन भारत को आध्यात्मिक देश समझते हैं

(घ) उपर्युक्त सभी

378. डॉ. कलाम परमाणु परीक्षण के पक्षधर क्यों थे?

(क) शक्तिशाली राष्ट्र बनाने के लिए

(ख) इसरो को समय के साथ चलने के लिए

(ग) अतीत के अनुभवों को ध्यान में रखते हुए

(घ) वर्तमान युग की माँग के अनुसार

379. किस सेवानिवृत्त नौसेना प्रमुख ने डॉ. कलाम के समक्ष प्रदर्शन करने की बात कही थी?

(क) एडमिरल जॉन जोसेफ (ख) एडमिरल एल. रामदास

(ग) एडमिरल प्रभुजोत सिंह (घ) उपर्युक्त कोई नहीं

380. डॉ. कलाम ने उन्हें क्या जवाब दिया था?

(क) भगवान् उन्हें विजन दें

(ख) वे सभी बातों से अनजान हैं

(ग) पहले उन लोगों को चीन व अमेरिका के सामने प्रदर्शन करना चाहिए

(घ) पहले उन लोगों को व्हाइट हाउस और क्रेमलिन के सामने प्रदर्शन करना चाहिए

381. सन् 1960 में कृषि क्षेत्र में कितने प्रतिशत लोग रोजगार में लगे थे?

(क) 72 प्रतिशत (ख) 73 प्रतिशत

(ग) 74 प्रतिशत (घ) 75 प्रतिशत

उत्तर के लिए कृपया पृष्ठ सं. 168 देखें।

382. सन् 1992 में यह आँकड़ा कितने प्रतिशत तक पहुँच गया था?
(क) 60 प्रतिशत (ख) 62 प्रतिशत
(ग) 65 प्रतिशत (घ) 70 प्रतिशत

383. सन् 2010 तक यही आँकड़ा कहाँ तक पहुँच गया था?
(क) 70 प्रतिशत (ख) 65 प्रतिशत
(ग) 60 प्रतिशत (घ) 50 प्रतिशत

384. विप्रो ने डॉ. कलाम को कब आमंत्रित किया था?
(क) अक्तूबर 2000 में (ख) अगस्त 2001 में
(ग) जनवरी 2002 में (घ) फरवरी 2003 में

385. विप्रो ने डॉ. कलाम को किस अवसर पर बुलाया था?
(क) हैदराबाद में कंप्यूटर प्रदर्शनी पर
(ख) चेन्नई में कंप्यूटर बिल्डिंग बनाने पर
(ग) बेंगलुरु में सचल हृदय जाँच क्लीनिक के उद्घाटन पर
(घ) उपर्युक्त में से कोई नहीं

386. सचल हृदय जाँच किसका संयुक्त उपक्रम था?
(क) एस्कॉर्ट्स और अपोलो का
(ख) विप्रो-जेई, केयर फाउंडेशन तथा कलेनजेड्स
(ग) अपोलो और स्टार केयर फाउंडेशन का
(घ) स्टार केयर और इन्फोसिस फाउंडेशन का

387. इस परियोजना के लिए सिस्टम संबंधी अवधारणा किसने उपलब्ध कराई थी?
(क) डॉ. कलाम के मित्र अरुण तिवारी ने
(ख) कलाम के संबंधी जहीर ने
(ग) टाटा फाउंडेशन ने
(घ) विप्रो और इन्फोसिस ने

388. प्राचीन भारत का समाज कैसा समाज था?
(क) आध्यात्मिक समाज (ख) धनवान समाज
(ग) ज्ञानवान समाज (घ) आक्रांता समाज

389. डॉ. कलाम के मुताबिक पहला बुनियादी क्षेत्र कौन सा है?
(क) उद्योग एवं तकनीकी (ख) चिकित्सा एवं स्वास्थ्य
(ग) शिक्षा एवं तकनीकी (घ) कृषि एवं खाद्य प्रसंस्करण

उत्तर के लिए कृपया पृष्ठ सं. 168 देखें।

390. दूसरा बड़ा क्षेत्र कौन सा है?

(क) ऊर्जा (ख) स्वास्थ्य

(ग) शिक्षा (घ) सड़क

391. तीसरा बड़ा क्षेत्र कौन सा है?

(क) उद्योग एवं तकनीकी (ख) सूचना एवं प्रौद्योगिकी

(ग) शिक्षा एवं स्वास्थ्य रक्षा (घ) सड़क एवं यातायात

392. चौथा क्षेत्र कौन सा है?

(क) शिक्षा एवं स्वास्थ्य रक्षा (ख) सूचना एवं प्रौद्योगिकी

(ग) उद्योग एवं तकनीकी (घ) बिजली एवं सड़क

393. पाँचवाँ क्षेत्र कौन सा है?

(क) खाद्य एवं प्रसंस्करण (ख) वन नीति

(ग) सामरिक महत्त्व (घ) पर्यावरण सुरक्षा

394. मध्य बिहार एवं पूर्वी भारत में कृषि उत्पादकता बढ़ाने हेतु कौन सी परियोजनाएँ शुरू की गईं?

(क) टालकेन (ख) साइकेन

(ग) परिजेन (घ) टाइफेक

395. इस परियोजना के साथ इनमें से कौन जुड़े हुए थे?

(क) प्रो. एस.के. सिन्हा

(ख) डॉ. कलाम

(ग) डॉ. स्वामीनाथन

(घ) वर्गीज कुरियन

396. सन् 1990 में डॉ. कलाम मदुरई क्यों गए?

(क) मंदिर में दर्शन के लिए

(ख) अस्पताल के उद्घाटन हेतु

(ग) आँखों की जाँच एवं इलाज कराने हेतु

(घ) विज्ञान प्रयोगशाला की स्थापना हेतु

397. मदुरई में आँखों की जाँच किसने की?

(क) डॉ. शंकर ने (ख) डॉ. जी. नचियार ने

(ग) डॉ. गौरीशंकर ने (घ) डॉ. दयाल ने

उत्तर के लिए कृपया पृष्ठ सं. 168 देखें।

398. उस अस्पताल में डॉ. कलाम को कुछ परेशानी भी उठानी पड़ी, वह कैसे?
(क) काउंटर पर तैनात लड़की ने भुगतान का चेक स्वीकार करने से मना कर दिया
(ख) काउंटर पर उन्हें लाइन में आने के लिए कहा गया
(ग) डॉक्टर ने दूसरे दिन आने को कहा
(घ) डॉक्टर उन्हें समय पर न आने के कारण तीन दिन बाद आने को कहा

399. अस्पताल में उनकी पहचान कैसे हो पाई?
(क) डॉ. कलाम के सुरक्षाकर्मी द्वारा बाद में पूछताछ करने पर
(ख) डॉ. कलाम द्वारा बाद में पूछताछ करने पर
(ग) डॉ. कलाम द्वारा डाँटने पर
(घ) उपर्युक्त कोई नहीं

400. अस्पताल के डॉ. नचियार से कलाम का परिचय कैसे हुआ था?
(क) डॉ. नचियार कलाम के बचपन के मित्र थे
(ख) डॉ. नचियार कलाम के पारिवारिक डॉक्टर थे
(ग) डॉ. नचियार के भाई डॉ. जी. वेंकटस्वामी कलाम के अच्छे दोस्त थे
(घ) डॉ. नचियार के पिता कलाम की प्रयोगशाला में काम करते थे

401. अरविंद नेत्र अस्पताल के ओ.पी.डी. में वर्ष 2001 में कितने रोगी इलाज कराने आए थे?
(क) 10 लाख रोगी
(ख) 11 लाख रोगी
(ग) 12 लाख रोगी
(घ) 13 लाख रोगी

402. अस्पताल में उस साल कितने ऑपरेशन किए गए थे?
(क) 1 लाख 90 हजार ऑपरेशन
(ख) 2 लाख ऑपरेशन
(ग) 3 लाख 50 हजार ऑपरेशन
(घ) 5 लाख ऑपरेशन

403. अस्पताल ने उस साल कितने नेत्र जाँच शिविर लगाए थे?
(क) 500 (ख) 1,000
(ग) 1,500 (घ) 2,000

उत्तर के लिए कृपया पृष्ठ सं. 168 देखें।

404. डॉ. वेंकटस्वामी क्या हैं?
(क) एक अनुभवी शल्य चिकित्सक
(ख) एक प्रसिद्ध वैज्ञानिक
(ग) एक प्रसिद्ध गणितज्ञ
(घ) एक प्रसिद्ध संगीतज्ञ

405. डॉ. कलाम के लिए तैयार की गई वेबसाइट का उद्घाटन कब हुआ?
(क) 10 जनवरी, 1999 को (ख) 15 अक्तूबर, 2000 को
(ग) 12 मार्च, 2001 को (घ) 20 दिसंबर, 2002 को

406. इस वेबसाइट को किसने तैयार किया था?
(क) डॉ. कलाम के बड़े भाई
(ख) डॉ. कलाम के एक संबंधी
(ग) डॉ. कलाम के पोन ग्रुप के दोस्तों ने
(घ) उपर्युक्त में कोई नहीं

407. डॉ. कलाम ने पारदर्शिता की मिसाल बताते हुए किसके जीवन-चरित्र का वर्णन किया है?
(क) महात्मा गांधी (ख) जवाहरलाल नेहरू
(ग) इंदिरा गांधी (घ) राजीव गांधी

408. डॉ. कलाम के मुताबिक विकास की सबसे मुख्य शर्त क्या है?
(क) ईमानदारी (ख) कर्तव्यपरायणता
(ग) पारदर्शिता (घ) जवाबदेही

409. हेलीकॉप्टर दुर्घटना में बाल-बाल बचे डॉ. कलाम के भाई को क्या विश्वास नहीं हो रहा था?
(क) डॉ. कलाम हेलीकॉप्टर के पायलट थे
(ख) डॉ. कलाम घायल हो गए हैं
(ग) डॉ. कलाम जल गए हैं
(घ) डॉ. कलाम सुरक्षित हैं या नहीं

410. उस समय उनके बड़े भाई की उम्र क्या थी?
(क) 80 वर्ष (ख) 86 वर्ष
(ग) 90 वर्ष (घ) 92 वर्ष

उत्तर के लिए कृपया पृष्ठ सं. 168 देखें।

411. 1970 के दशक में उपग्रह प्रक्षेपण पर काम करते समय किस चीज की जरूरत पड़ी?

(क) क्लोरो फ्लोरो कार्बन की (ख) कैडमियम छड़ की

(ग) बेरिलियम डायफ्रामो की (घ) उपर्युक्त सभी की

412. इसका इस्तेमाल किसलिए किया जाता है?

(क) उड़ान के दौरान रॉकेटों या मिसाइलों की ऊँचाई का पता लगानेवाले सेंसरों में

(ख) उड़ान के दौरान ईंधन की स्थिति जानने के लिए

(ग) उड़ान के दौरान वायुदाब जानने के लिए

(घ) उपर्युक्त में कोई नहीं

413. 1972 में प्रो. सतीश धवन एवं प्रो. ब्रह्मप्रकाश ने डॉ. कलाम को किस परियोजना की जिम्मेदारी सौंपी?

(क) आर्यभट परियोजना की (ख) एस.एल.वी.-3 परियोजना की

(ग) इनसेट-2ए परियोजना की (घ) अग्नि मिसाइल परियोजना की

414. इस कार्य के लिए कलाम को कितन राशि का बजट दिया गया था?

(क) 20 करोड़ (ख) 100 करोड़

(ग) 50 करोड़ (घ) 15 करोड़

415. इस परियोजना को पूरा करने के लिए उन्हें कितना समय दिया गया?

(क) तीन वर्ष (ख) सात वर्ष

(ग) साढ़े पाँच वर्ष (घ) साढ़े सात वर्ष

416. परियोजना का नेतृत्व सौंपे जाने पर डॉ. कलाम आश्चर्यचकित क्यों थे?

(क) वे जूनियर वैज्ञानिक थे

(ख) वे सीनियर वैज्ञानिक थे

(ग) इतनी महत्त्वपूर्ण परियोजना के लिए उन्हें ही क्यों चुना गया

(घ) वे आश्चर्यचकित नहीं हुए

417. परियोजना के शुरुआती दौर में डॉ. कलाम किस संशय में थे?

(क) असफलता के

(ख) सफलता के

(ग) मानसिक दबाव में

(घ) वे सोच रहे थे कि यह कैसे कर पाएँगे

उत्तर के लिए कृपया पृष्ठ सं. 169 देखें।

418. इस परियोजना के अंतिम समय में उपग्रह प्रक्षेपण के असफल होने पर डॉ. कलाम ने क्या किया?

(क) असफलता के वास्तविक कारणों को खोजा और उनका बारीकी से विश्लेषण किया

(ख) हताश होकर चुप बैठ गए

(ग) आलोचना से आपा खो बैठे

(घ) नौकरी छोड़ दी

419. इस असफलता का कारण ढूँढ़ने के लिए गठित बोर्ड का अध्यक्ष किसे बनाया गया?

(क) डॉ. राजा रमन्ना (ख) श्री एम.आर. कुरुप

(ग) डॉ. सी.वी. रमन (घ) प्रो. एस.एस. जोशी

420. इस बोर्ड का सचिव किसे बनाया गया था?

(क) डॉ. एच.एन. संठना (ख) डॉ. शांतिस्वरूप भटनागर

(ग) जी. माधवन नायर (घ) जे.वी. नार्लीकर

421. इस बोर्ड ने कितने वैज्ञानिकों से बातचीत की?

(क) 10 वैज्ञानिकों से

(ख) 119 वैज्ञानिक और अधिकारियों से

(ग) 150 वैज्ञानिकों से

(घ) 125 वैज्ञानिकों व अन्य कर्मियों से

422. इस असफलता से संबंधित कितने आँकड़ों का विश्लेषण किया गया?

(क) 200 से अधिक आँकड़ों का (ख) 100 से कम आँकड़ों का

(ग) 150 से अधिक आँकड़ों का (घ) 1,000 से अधिक आँकड़ों का

423. परियोजना के असफल होने का निष्कर्ष क्या निकाला गया?

(क) सॉफ्टवेयर में खराबी आना

(ख) वातानुकूलन संयंत्र खराब होना एवं प्रक्षेपण से पहले ही ऊर्जा नियंत्रण संयंत्र के वॉल्व तक धूल पहुँचना

(ग) यांत्रिक खराबी आना

(घ) सर्किट का गरम होकर टूट जाना

424. इस असफलता से डॉ. कलाम ने क्या सीख ली?

(क) हिम्मत नहीं हारना

(ख) ज्यादा आर्थिक बजट की माँग करना

उत्तर के लिए कृपया पृष्ठ सं. 169 देखें।

(ग) सभी संयंत्रों की गहन जाँच के बाद ही उसे प्रयोग में लाया जाए

(घ) मशीनें विदेश से मँगवाना

425. 'अग्नि' के प्रक्षेपण में समस्या कब पैदा हुई?

(क) 21 अप्रैल, 1988 को (ख) 20 अप्रैल, 1989 को

(ग) 25 दिसंबर, 1989 को (घ) 26 जनवरी, 1990 को

426. यह समस्या क्या थी?

(क) टी-14 सेकंड पर कंप्यूटर ने होल्ड का इशारा किया

(ख) कंप्यूटर हार्डवेयर में खराबी

(ग) उपकरणों में खराबी

(घ) खराब सर्किट की समस्या

427. कंप्यूटर के 'होल्ड' इशारा करने का क्या मतलब होता है?

(क) सभी उपकरण ठीक हैं

(ख) ईंधन की कमी है

(ग) विस्फोट हो सकता है

(घ) कोई उपकरण सही काम नहीं कर रहा है

428. 'अग्नि' के प्रक्षेपण की दूसरी तारीख कब तय की गई?

(क) 1 जून, 1989 (ख) 1 जनवरी, 1990

(ग) 1 मई, 1989 (घ) 26 जनवरी, 1991

429. दूसरे निर्धारित प्रक्षेपण में क्या समस्या आई?

(क) टी-14 सेकंड पर कंप्यूटर ने 'रुकने' का इशारा किया।

(ख) कंप्यूटर ने स्वचालित जाँच के समय टी-10 सेकंड पर 'रुकने' का इशारा किया

(ग) कंप्यूटर सर्किट गरम होकर टूट गया

(घ) मशीन तेज आवाज के साथ बंद हो गई

430. डॉ. कलाम ने किन दो पूर्व प्रधानमंत्रियों के साथ काम किया?

(क) वाजपेयी और चंद्रशेखर

(ख) वाजपेयी और एच.डी. देवेगौड़ा

(ग) नरसिम्हा राव और चंद्रशेखर

(घ) पी.वी. नरसिम्हा राव एवं अटल बिहारी वाजपेयी

उत्तर के लिए कृपया पृष्ठ सं. 169 देखें।

431. डी.आर.डी.ओ. के महानिदेशक पद पर रहते हुए डॉ. कलाम ने वित्तीय सलाहकार के पद पर वहाँ किसे नियुक्त किया था?

(क) लक्ष्मण शास्त्री को (ख) आर. रामनाथन को
(ग) सतीश धवन को (घ) नंबूदरिपाद को

432. नियुक्त किए जाते समय रामनाथन क्या थे?

(क) रक्षा उत्पादन विभाग में संयुक्त सचिव तथा वित्तीय सलाहकार
(ख) अनुभाग अधिकारी
(ग) एक वैज्ञानिक
(घ) कलाम के निजी सचिव

433. '90 के दशक में रामनाथन को चुनाव कार्य से मुक्त रखने के लिए कलाम ने किससे अनुरोध किया?

(क) मुख्य चुनाव आयुक्त टी.एन. शेषन से
(ख) प्रधानमंत्री से
(ग) रक्षामंत्री से
(घ) गृहमंत्री से

434. फरवरी 1998 में कलाम आर. रामनाथन के साथ कहाँ गए थे?

(क) चीन की राजधानी बीजिंग
(ख) रूस की राजधानी मॉस्को
(ग) बेलारूस की राजधानी मिंक्स
(घ) जापान की राजधानी टोकियो

435. बेलारूस व भारत सरकार के विज्ञान एवं प्रौद्योगिकी विभाग के सहयोग से उन्नत शोध केंद्र कहाँ पर स्थापित किया गया था?

(क) सिकंदराबाद में (ख) हैदराबाद में
(ग) श्रीहरिकोटा में (घ) जोधपुर में

436. डॉ. कलाम के साथ बेलारूस गए आर. रामनाथन को वहाँ के वैज्ञानिक किसलिए कुरेद रहे थे?

(क) वे यह पता लगाना चाहते थे कि भारत बेलारूस से प्रौद्योगिकी हासिल करने के लिए कितना खर्च कर सकता है
(ख) उनकी वैज्ञानिक क्षमताओं का पता लगाने के लिए
(ग) राज उगलवाने के लिए
(घ) उनकी गंभीरता का पता लगाने के लिए

उत्तर के लिए कृपया पृष्ठ सं. 169 देखें।

437. सुबह की सैर की आदत के मुताबिक डॉ. कलाम बेलारूस में कितने तापमान पर बाहर टहलने गए?

(क) 0 डिग्री तापमान पर

(ख) 6 डिग्री तापमान पर

(ग) 0 से भी 10 डिग्री कम तापमान पर

(घ) 35 डिग्री तापमान पर

438. बेलारूस की यात्रा के बाद वापसी में मिंस्क से डॉ. कलाम मास्को कैसे आए थे?

(क) बस से (ख) विमान से

(ग) ट्रेन से (घ) हेलिकॉप्टर से

439. मिंस्क से मॉस्को ट्रेन यात्रा के दौरान आर. रामनाथन ने स्वयं को एक बार शर्मिंदा क्यों महसूस किया?

(क) वे ट्रेन में असहज थे

(ख) ट्रेन की यात्रा उन्हें नापसंद थी

(ग) वे डॉ. कलाम के साथ यात्रा करने में संकोच कर रहे थे

(घ) जिस कूपे में वे थे, उसे अंदर से उन्होंने बंद कर रखा था और चाबी रामनाथन के पास थी तथा डॉ. कलाम सुबह उठकर उनके जागने का इंतजार कर रहे थे।

440. 11 जनवरी, 1999 को शाम 5 बजे डॉ. कलाम क्या कर रहे थे?

(क) मुगल गार्डन में

(ख) बेंगलुरु में प्रयोग

(ग) व्याख्यान दे रहे थे

(घ) रक्षा शोध परिषद् की बैठक में शामिल थे

441. इस बैठक के दौरान डॉ. कलाम के पास कौन सी बुरी खबर आई?

(क) छतरीनुमा रोटोडोमवाला एक रिसर्च एयरक्राफ्ट अरक्कोणम नेवल बेस पर दुर्घटनाग्रस्त हो गया

(ख) उनके पिता का निधन हो गया

(ग) उनका मिसाइल मिशन फेल हो गया

(घ) उनका प्रमोशन रुक गया

उत्तर के लिए कृपया पृष्ठ सं. 169 देखें।

442. इस दुर्घटना से वे क्यों मर्माहत हुए थे?
(क) वर्षों की मेहनत बरबाद हो जाने से
(ख) चार वैज्ञानिकों और चार वायुसेना अधिकारियों की मृत्यु हो जाने से
(ग) पैसा बेकार जाने से
(घ) अपनी कामयाबी पर आँच आने से

443. गैस टरबाइन रिसर्च स्टेब्लिशमेंट में तैनात एच.एम.एल. नरेंद्रजी की तबीयत गंभीर होने पर उन्हें देहरादून से दिल्ली लाने के लिए क्या किया गया?
(क) ट्रेन से भेजा गया
(ख) हवाई जहाज से भेजा गया
(ग) कार से भेजा गया
(घ) व्यक्तिगत हस्तक्षेप करते हुए रक्षामंत्री से एयर क्लियरेंस प्राप्त करते हुए हेलीकॉप्टर से दिल्ली भेजा

444. नरेंद्रजी के देहांत के बाद उनके परिवारवालों को सांत्वना-पत्र में कलाम ने क्या लिखा?
(क) ईश्वर को यही मंजूर था
(ख) कृपया किसी सहयोग की आवश्यकता पड़ने पर मुझे लिखने में न हिचकिचाएँ
(ग) भगवान् आपको दु:ख सहने का हौसला दे
(घ) आप उम्मीद न हारें, सब प्रकृति पर छोड़ दें

445. एन.एस.टी.एल. विशाखापत्तनम के अधिकारी तारपीडो परीक्षणों के लिए किस देश में काम कर रहे थे?
(क) किरगिस्तान में (ख) रूस में
(ग) बेलारूस में (घ) उज्बेकिस्तान में

446. इस दौरान कौन सी घटना से डॉ. कलाम बहुत मर्माहत हुए थे?
(क) मिशन फेल होने से
(ख) तारपीडो का परीक्षण असफल हो जाने से
(ग) भूकंप आने से
(घ) एक अधिकारी की मृत्यु हो जाने से

447. मृत अधिकारी के शव को विशाखापत्तनम तक पहुँचाने के लिए डॉ. कलाम ने व्यक्तिगत रूप से क्या किया?
(क) शव के साथ गए

उत्तर के लिए कृपया पृष्ठ सं. 169-170 देखें।

(ख) परिजनों को सांत्वना दी

(ग) मॉस्को में भारतीय राजदूत रोनेन सेन से बातचीत की और दिल्ली से वायुसेना के विमान से शव को विशाखापत्तनम भेजने की व्यवस्था की

(घ) सरकार से मदद दिलवाई

448. इस दौरान कलाम के समक्ष सबसे बड़ी चुनौती क्या पेश आई?

(क) किरगिस्तान में भूकंप का आना

(ख) किरगिस्तान से अगले दो दिनों तक भारत के लिए सीधी विमान सेवा का न होना

(ग) उनकी तबीयत खराब होना

(घ) किरगिस्तान में सैन्य विद्रोह

449. डॉ. कलाम के कार्यकाल में डी.आर.डी.ओ. ने कितनी विपत्तियों के दौरान देश को सेवाएँ दीं?

(क) पाँच विपत्तियों के दौरान (ख) आठ विपत्तियों के दौरान

(ग) दो विपत्तियों के दौरान (घ) सात विपत्तियों के दौरान

450. सन् 1999 में उड़ीसा में आए चक्रवात के दौरान डॉ. कलाम के आदेश पर लेबोरेटरी से कितने वैज्ञानिकों की टीम ने चक्रवात से प्रभावित क्षेत्र का दौरा किया?

(क) पाँच वैज्ञानिकों की टीम ने (ख) दो वैज्ञानिकों की टीम ने

(ग) तीन वैज्ञानिकों की टीम ने (घ) सात वैज्ञानिकों की टीम ने

451. उड़ीसा चक्रवात के बाद डिफेंस लैब, जोधपुर ने तटीय गाँवों में पेयजल मुहैया कराने के लिए क्या किया?

(क) कई कुएँ खुदवाए

(ख) 20,000 लीटर प्रतिदिन की क्षमतावाले आठ अल्ट्रा वाटर प्यूरीफिकेशन सिस्टम लगाए

(ग) नहर तंत्र की स्थापना की

(घ) समुद्र के जल को शुद्ध करने का संयंत्र लगाया

452. डॉ. कलाम विदेश यात्रा पर जाने के दौरान वहाँ कितने समय तक ही रहना चाहते हैं?

(क) लंबे समय तक व्याख्यान देते हुए

(ख) जिंदगी भर आरामतलबी के साथ

(ग) विदेश नहीं जाना चाहते

(घ) कार्यक्रम छोटा करके अपनी यात्रा शीघ्र समाप्त करने की संभावना तलाशते हैं

उत्तर के लिए कृपया पृष्ठ सं. 170 देखें।

453. डॉ. कलाम वैज्ञानिकों के विदेश यात्रा पर जाने के लिए क्या करते हैं?
(क) मना करते हैं
(ख) वैज्ञानिकों को विदेश जाने के लिए प्रोत्साहित करते हैं
(ग) उन्हें निरुत्साहित करते हैं
(घ) जल्दी लौटने के लिए कहते हैं

454. वैज्ञानिकों को विदेश क्यों घूमना चाहिए, इसके लिए डॉ. कलाम क्या तर्क देते हैं?
(क) इससे मन ताजा रहता है
(ख) इससे स्वास्थ्य ठीक रहता है
(ग) सैर-सपाटा खुशी पाने के लिए जरूरी है
(घ) ताकि वे सभी उपलब्ध नई सूचनाओं की जानकारी रख सकें

455. डॉ. कलाम ने जब डी.आर.डी.ओ. छोड़ा तो वहाँ विदेश यात्रा के लिए कितना बजट था?
(क) लगभग 7 करोड़ (ख) लगभग 20 करोड़
(ग) लगभग 2 करोड़ (घ) लगभग 17 करोड़

456. डी.आर.डी.ओ. में डॉ. कलाम प्रत्येक सोमवार को कौन सी महत्त्वपूर्ण बैठक आयोजित करते थे?
(क) अनुभवों के आदान-प्रदान की बैठक
(ख) कर्मचारी समस्या-निवारण की बैठक
(ग) डी.आर.डी.ओ. के डिफेंस रिसर्च काउंसिल की बैठक
(घ) सरकारी बजट बढ़वाने के लिए बैठक

457. रक्षा मंत्रालय कौन सी महत्त्वपूर्ण बैठकों में उन्हें अपने साथ ले जाता था?
(क) मंत्रिमंडलीय समूह की बैठक में
(ख) संयुक्त राष्ट्र सभा में
(ग) लोक लेखा समिति या संसद् की स्थायी समिति की बैठक में
(घ) विश्व विज्ञान सम्मेलन की आम बैठक में

458. डॉ. कलाम बातचीत के दौरान केंद्रीय मंत्रियों को क्या एहसास कराते थे?
(क) वे (कलाम) ही उनके बॉस हैं
(ख) वे (मंत्री) ही उनके बॉस हैं
(ग) वे (कलाम) उनके मित्र हैं
(घ) वे (कलाम) सर्वज्ञ हैं

उत्तर के लिए कृपया पृष्ठ सं. 170 देखें।

459. किस रक्षा मंत्री ने निर्देश जारी किया कि उन्हें सभी नोट्स हिंदी में मिलने चाहिए?

(क) मुलायम सिंह यादव ने (ख) शरद पवार ने

(ग) जॉर्ज फर्नांडीस ने (घ) जसवंत सिंह ने

460. डॉ. कलाम के साथ पहली बैठक में मुलायम सिंह ने किस भाषा में बातचीत की?

(क) अंग्रेजी में (ख) तमिल में

(ग) हिंदी में (घ) उर्दू में

461. बातचीत के दौरान कलाम उन्हें जवाब कैसे देते थे?

(क) हिंदी में

(ख) अंग्रेजी में

(ग) कलाम के लिए उसे अंग्रेजी में अनुवाद किया जाता

(घ) उर्दू में

462. रक्षा मंत्री को भेजे जानेवाले विवरण में डॉ. कलाम हस्ताक्षर से पूर्व मुलायम सिंह को अपनी टिप्पणियाँ भी जोड़ते थे। वे किस भाषा में लिखते?

(क) हिंदी में (ख) उर्दू में

(ग) तमिल में (घ) अंग्रेजी में

463. मुलायम सिंह और डॉ. कलाम के बीच बातचीत कैसे होती थी?

(क) दुभाषिए के माध्यम से (ख) हिंदी में

(ग) अंग्रेजी में (घ) तमिल में

464. डॉ. कलाम के पूर्ण मार्गदर्शन में तैयार की गई टी.आई.एफ.ए.सी. (टेक्नोलॉजी इन्फॉर्मेशन फोरकास्टिंग ऐंड एसेसमेंट काउंसिल) की उपलब्धियों का महत्त्वपूर्ण गौरव क्या था?

(क) 25 प्रौद्योगिकी विजन 2020 रिपोर्ट

(ख) इसमें मौसम विज्ञान की उपलब्धियाँ थीं

(ग) इसमें वैज्ञानिक उपलब्धियाँ थीं

(घ) इसमें मिसाइल प्रौद्योगिकी की भविष्यवाणियाँ थीं

465. यह रिपोर्ट प्रधानमंत्री को कब समर्पित की गई?

(क) 2 अगस्त, 1997 को (ख) 2 अगस्त, 1996 को

(ग) 12 अगस्त, 1996 को (घ) 15 अगस्त, 1999 को

उत्तर के लिए कृपया पृष्ठ सं. 170 देखें।

466. भारत में पहली बार डॉ. कलाम ने किस तरह की इंजीनियरिंग की अवधारणा विकसित की?
(क) दीर्घकालीन इंजीनियरिंग की (ख) आधुनिकतम इंजीनियरिंग की
(ग) पाश्चात्य इंजीनियरिंग की (घ) समकालीन इंजीनियरिंग की

467. डॉ. कलाम की प्रबंधन शैली की क्या विशेषता थी?
(क) सबकी तारीफ करना
(ख) सबको साथ लेकर चलना
(ग) टीम के सदस्यों, वैज्ञानिकों व सहयोगियों का मनोबल ऊँचा रखना
(घ) मातहतों की समस्याओं को सुनना और उनका निराकरण करना

468. पहली बार 'अग्नि' का सफल परीक्षण होने पर डॉ. कलाम ने डी.आर.डी.एल. के स्टाफ के लिए क्या किया?
(क) रात्रिभोज का आयोजन किया
(ख) पूरे स्टाफ को मौद्रिक पुरस्कार देने के लिए सरकार को सहमत किया
(ग) स्टाफ को विदेश की सैर कराई
(घ) स्टाफ को तरक्की दी गई

469. डॉ. कलाम जब रक्षा मंत्री के वैज्ञानिक सलाहकार बने तो उन्होंने डी.आर.डी.ओ. के लिए क्या किया?
(क) नई इमारतें बनवाईं
(ख) ज्यादा बजट आवंटित कराया
(ग) उसे स्वायत्तता प्रदान की
(घ) आकर्षक नकद राशिवाले पुरस्कारों की प्रक्रिया शुरू की

470. प्रधानमंत्री इंदिरा गांधी की उपस्थिति में आयोजित एस.एल.वी-3 से 'रोहिणी' के सफल प्रक्षेपण पर किसने सम्मान में शामिल होने के लिए कलाम को सन् 1980 में बुलाया था?
(क) प्रो. विक्रम साराभाई ने (ख) डॉ. सतीश धवन ने
(ग) प्रो. ओदा ने (घ) वी.के. कृष्णमेनन ने

471. डॉ. कलाम ने समारोह में शामिल न हो पाने के लिए कैसी असमर्थता जताई?
(क) प्रधानमंत्री के समक्ष बिना सूट और जूते पहने कैसे जा सकता हूँ
(ख) उनके पास समय नहीं था
(ग) उन्हें जाने में झिझक थी
(घ) वे इस तरह के आयोजन में जाना नापसंद करते थे

उत्तर के लिए कृपया पृष्ठ सं. 170 देखें।

472. डॉ. धवन ने कलाम को क्या जवाब दिया?
(क) वक्त निकालो
(ख) ऐसे मौके बार-बार नहीं आते
(ग) आपकी तरक्की हो सकती है
(घ) इस बारे में चिंता करने की जरूरत नहीं है। तुमने विजय का परिधान पहन रखा है

473. किस भारतीय प्रधानमंत्री के 'भारत को उत्कृष्ट बौद्धिक शक्ति बनाने' के आह्वान पर डॉ. कलाम को उच्च स्तरीय कार्य का सौभाग्य प्राप्त हुआ?
(क) मनमोहन सिंह (ख) चंद्रशेखर
(ग) एच.डी. देवेगौड़ा (घ) अटल बिहारी वाजपेयी

474. डॉ. कलाम इस उच्च स्तरीय टास्क फोर्स में क्या थे?
(क) रक्षा मंत्री के वैज्ञानिक सलाहकार
(ख) रक्षा सचिव के वैज्ञानिक सलाहकार
(ग) टास्क फोर्स के अध्यक्ष
(घ) प्रधानमंत्री के प्रमुख वैज्ञानिक सलाहकार

475. प्रधानमंत्री के मुख्य वैज्ञानिक सलाहकार का पद छोड़ने के बाद डॉ. कलाम को अन्ना विश्वविद्यालय में शामिल होने के लिए किसने आमंत्रित किया?
(क) प्रो. श्रीनिवासन ने (ख) प्रो. स्पांडर ने
(ग) पं. लक्ष्मण शास्त्री ने (घ) प्रो. के.वी. पंडालाई ने

476. प्रो. पंडालाई कहाँ पर डॉ. कलाम के शिक्षक रह चुके थे?
(क) मद्रास इंस्टीट्यूट ऑफ टेक्नोलॉजी में
(ख) श्वार्ट्ज हाई स्कूल, रामनाथपुरम
(ग) सेंट जोसेफ कॉलेज, तिरुचिरापल्ली
(घ) जाधवपुर विश्वविद्यालय

477. डॉ. कलाम के व्याख्यान देने की कला के संबंध में प्रो. ए. कलानिधि क्या कहते हैं?
(क) सम्मोहिनी कला
(ख) विषयगत आकर्षण से युक्त व्याख्यान
(ग) आदान-प्रदान सुनिश्चित करने की सौ प्रतिशत व्यवस्थित कला
(घ) व्याख्यान की प्रश्नोत्तरी कला

उत्तर के लिए कृपया पृष्ठ सं. 170-171 देखें।

478. 'ब्रह्मोस' के लिए भारत-रूस की सरकारों ने कब धनराशि आवंटित की, जिससे कार्य शुरू हुआ?

(क) सन् 1998 में (ख) सन् 1999 में

(ग) सन् 2000 में (घ) सन् 2001 में

479. संयुक्त उद्यम परियोजना के तहत विकसित की गई क्रूज मिसाइल का पहला प्रक्षेपण कब किया गया?

(क) 12 जून, 2002 को (ख) 18 जनवरी, 2001 को

(ग) 26 जनवरी, 2003 को (घ) 12 जून, 2001 को

480. रूसी पुरस्कार विजेता महान् हरबर्ट ए. येफ्रोमोव को डॉ. कलाम से मिलने का समय कब मिला?

(क) 3 दिसंबर, 2001 को (ख) 13 दिसंबर, 2002 को

(ग) 3 दिसंबर, 2002 को (घ) 12 मार्च, 2000 को

481. वर्ष 1992 में नेशनल केमिकल लेबोरेटरी के निदेशक आर.ए. माशेलकर को कलाम ने पुणे क्यों बुलाया था?

(क) सम्मानित करने के लिए

(ख) निदेशक सम्मेलन में भाषण देने के लिए

(ग) प्रधानमंत्री से मिलने के लिए

(घ) गंभीर विषय पर परामर्श के लिए

482. डॉ. कलाम ने माशेलकर को किस विषय पर वक्तव्य देने के लिए बुलाया था?

(क) 'उदारीकरण-पश्च काल में बाजार में जगह बनाने के लिए संघर्ष' विषय पर

(ख) 'भारत के मिसाइल कार्यक्रम का भविष्य' विषय पर

(ग) 'भूमंडलीकरण और भारत की वैज्ञानिक अवधारणा' विषय पर

(घ) 'अंतरिक्ष में भारत के बढ़ते कदम' विषय पर

483. भाषण शुरू करते हुए माशेलकर ने डॉ. कलाम को क्या कहकर संबोधित किया?

(क) मिस्टर साइंटिस्ट ऑफ इंडिया

(ख) मिस्टर मिरेकल ऑफ इंडिया

(ग) मिस्टर टेक्नोलॉजी ऑफ इंडिया

(घ) ऑनरेबल कलाम सर

उत्तर के लिए कृपया पृष्ठ सं. 171 देखें।

484. भाषण खत्म होने के बाद डॉ. कलाम ने माशेलकर को खुद के बारे में क्या बताया?

(क) अभी मंजिल दूर है (ख) मैं अभी सीख रहा हूँ

(ग) मिस्टर अशिक्षित (घ) मिस्टर पेटेंट अनएजुकेटेड

485. कलाम ने खुद को 'मिस्टर पेटेंट अनएजुकेटेड' क्यों कहा?

(क) पेटेंटों और उनके महत्त्व की कम जानकारी होने के कारण

(ख) पेटेंट के प्रति उदासीनता के कारण

(ग) सरकार की पेटेंट के प्रति लापरवाही के कारण

(घ) अपने उत्पादों का पेटेंट नहीं कराने के कारण

486. पेटेंट मामले में सक्रियता दिखाते हुए डॉ. कलाम ने तत्काल क्या कदम उठाया?

(क) कई उत्पादों का पेटेंट कराया

(ख) 50 से अधिक डी.आर.डी.ओ. प्रयोगशालाओं में पेटेंट सेल गठित करने के निर्देश दिए

(ग) सरकार से पेटेंट कराने के लिए आग्रह किया

(घ) वैज्ञानिकों को पेटेंट के प्रति जागरूक किया

487. 1 जुलाई, 1995 का दिन माशेलकर के लिए क्यों यादगार साबित हुआ?

(क) उस दिन उन्होंने सी.एस.आई.आर. के महानिदेशक का पद ग्रहण किया था

(ख) उस दिन वे सेवानिवृत्त हुए

(ग) उस दिन उन्हें 'पद्मश्री' सम्मान मिला

(घ) उस दिन पहली बार उनकी भेंट प्रधानमंत्री से हुई

488. जनवरी 2000 में भारतीय विज्ञान सम्मेलन का आयोजन कहाँ हुआ था?

(क) दिल्ली में (ख) तिरुचिरापल्ली में

(ग) मुंबई में (घ) पुणे में

489. भारतीय विज्ञान सम्मेलन-2000 में पुणे में शामिल त्रिमूर्ति कौन थे?

(क) वी.के. कृष्णमेनन, एम.जी.के. मेनन तथा प्रो. श्रीनिवासन

(ख) प्रो. सुधाकर, प्रो. कुरियन तथा प्रो. सतीश धवन

(ग) डॉ. कस्तूरीरंगन, डॉ. चिदंबरम तथा डॉ. कलाम

(घ) डॉ. एम. भगवंतम, डॉ. बी.डी. नाग चौधरी तथा डॉ. मेघनाथ साहा

490. साल 2002 में भारतीय विज्ञान सम्मेलन कहाँ आयोजित हुआ था?

(क) लखनऊ में (ख) शिलांग में

(ग) चेन्नई में (घ) जयपुर में

उत्तर के लिए कृपया पृष्ठ सं. 171 देखें।

491. डॉ. कलाम 5 जुलाई, 2002 को अजमेर क्यों गए?
(क) ख्वाजा साहब की दरगाह पर शीश झुकाने
(ख) सेंट फ्रांसिस अस्पताल, अजमेर के निदेशक डॉ. लजेर मैथ्यू के बुलावे पर
(ग) विज्ञान सम्मेलन में भाग लेने
(घ) मेयो कॉलेज के शताब्दी समारोह में भाग लेने

492. वी. पोनराज डॉ. कलाम से मिलने के लिए कब और कहाँ गए?
(क) 27 जनवरी, 2001 को पुणे में
(ख) 27 जुलाई, 2000 को विज्ञान भवन परिसर में
(ग) 13 सितंबर, 2002 को राष्ट्रपति भवन में
(घ) 31 जनवरी, 2003 को लंदन में

493. एस.बी. कृष्णन ने डॉ. कलाम को किन शब्दों में पुकारा है?
(क) विज्ञान और विकास का मसीहा
(ख) नवप्रवर्तनों को प्रयोगशाला से धरती तक लाने तथा विज्ञान के लाभ के लिए इस्तेमाल करने में विश्वास
(ग) मिसाइलमैन
(घ) विकसित भारत का पथ-प्रदर्शक

494. किस वर्ष के बजट भाषण में विज्ञान तथा प्रौद्योगिकी विभाग के प्रस्ताव पर एक कोष गठित किया गया?
(क) 1995 के केंद्रीय बजट (ख) 1996 के केंद्रीय बजट में
(ग) 1994 के केंद्रीय बजट में (घ) सातवीं पंचवर्षीय योजना में

495. डॉ. कलाम भारत सरकार द्वारा गठित प्रौद्योगिकी विकास बोर्ड के सदस्य कब रहे?
(क) सितंबर 1996 में (ख) जनवरी 1994 में
(ग) अगस्त 1995 में (घ) नवंबर 1997 में

496. वर्ष 1996-97 में प्रौद्योगिक विकास बोर्ड को कितनी राशि आवंटित की गई थी?
(क) 50 करोड़ रुपए (ख) रकम जरूरत से ज्यादा थी
(ग) 40 करोड़ रुपए (घ) 30 करोड़ रुपए

497. प्रौद्योगिकी विकास बोर्ड को वर्ष 1996 के बजट में आवंटित राशि से कलाम ने क्या महसूस किया?
(क) रकम पर्याप्त थी (ख) आवंटित रकम पर्याप्त नहीं थी
(ग) सरकार उदासीन थी (घ) रकम जरूरत से ज्यादा थी

उत्तर के लिए कृपया पृष्ठ सं. 171 देखें।

498. वर्ष 1997-98 के बजट में प्रौद्योगिकी विकास के लिए कितनी रकम आवंटित की गई थी?

(क) 100 करोड़ रुपए (ख) 50 करोड़ रुपए
(ग) 70 करोड़ रुपए (घ) 60 करोड़ रुपए

499. पश्चिम बंगाल की किस यूनिवर्सिटी की ओर से दी गई 'डॉक्टरेट' उपाधि के समय कलाम वहाँ नहीं थे?

(क) जाधवपुर विश्वविद्यालय (ख) कल्याणी विश्वविद्यालय
(ग) बुंदेलखंड विश्वविद्यालय (घ) सागर विश्वविद्यालय

500. कल्याणी विश्वविद्यालय द्वारा प्रदत्त 'डॉक्टरेट' की मानद उपाधि ग्रहण करने के लिए डॉ. कलाम ने किसे अधिकृत किया था?

(क) अरुण तिवारी को (ख) सूर्य त्रिवेदी को
(ग) ए.एम. बनर्जी को (घ) टी.के. घोषाल को

501. डॉ. कलाम टेक्नोलॉजी इन्फॉरमेशन फोरकास्टिंग ऐंड असेसमेंट काउंसिल के अध्यक्ष कब बने?

(क) सन् 1993 में (ख) सन् 1992 में
(ग) सन् 1995 में (घ) सन् 1994 में

502. डॉ. कलाम कब एडवांस्ड कंपोजिट्स मिशन के मामलों को देख रहे समूह के अध्यक्ष बने थे?

(क) सन् 1989 में (ख) सन् 1990 में
(ग) सन् 1994 में (घ) सन् 1991 में

503. मिसाइल से जोड़ते हुए डॉ. कलाम को क्या कहा जाता है?

(क) मिसाइल कलाम (ख) मिसाइल अब्दुल
(ग) मिसाइल शिखर (घ) मिसाइलमैन

504. डॉ. कलाम द्वारा डिजाइन किए गए पहले हॉवरक्राफ्ट का वजन कितना था?

(क) 530 किलोग्राम (ख) 590 किलोग्राम
(ग) 550 किलोग्राम (घ) 650 किलोग्राम

505. कौन से तत्कालीन रक्षा मंत्री डॉ. कलाम द्वारा विकसित किए गए हॉवरक्राफ्ट में बैठे थे?

(क) मुलायम सिंह यादव (ख) वीरप्पा मोइली
(ग) जॉर्ज फर्नांडीस (घ) वी.के. कृष्णमेनन

उत्तर के लिए कृपया पृष्ठ सं. 171 देखें।

506. आगे चलकर हॉवरक्राफ्ट परियोजना किस मुकाम पर पहुँची?
(क) रक्षा मंत्रालय ने इसे बंद करा दिया
(ख) रक्षा मंत्रालय ने इसे आगे बढ़ा दिया
(ग) इसके लिए विदेशी मदद ली गई
(घ) नासा से सहयोग लिया गया

507. ब्रह्मोस परियोजना में डी.आर.डी.ओ. की भागीदारी कितने प्रतिशत थी?
(क) 30.3 प्रतिशत (ख) 50.5 प्रतिशत
(ग) 50.9 प्रतिशत (घ) शत प्रतिशत

508. ब्रह्मोस परियोजना कंपनी की प्रमुख विशेषता क्या रही?
(क) इसने अपने विमान बनाने आरंभ कर दिए
(ख) इसने मिसाइल बनाकर विदेशों में बेची
(ग) इसने अपने लिए अंतरराष्ट्रीय बाजार खड़ा कर लिया
(घ) रूसी योगदान को रूसी ऋण के भारतीय भुगतान द्वारा पूरा किया जा रहा है

509. 'ब्रह्मोस' किस तरह की मिसाइल है?
(क) परिवहन (सुपरसोनिक) क्रूज मिसाइल
(ख) जमीन से जमीन पर मार करनेवाली मिसाइल
(ग) जमीन से आकाश में मार करनेवाली मिसाइल
(घ) आकाश से आकाश में मार करनेवाली मिसाइल

510. 'ब्रह्मोस' मुख्य रूप से कैसी लड़ाकू मिसाइल है?
(क) पनडुब्बी विध्वंसक (ख) जमीनी मुकाबले के लायक
(ग) विमान भेदी (घ) समुद्र में युद्ध के लायक

511. इसकी निशाना बनाने की क्षमता कितनी है?
(क) जमीनी तोपों को मार गिराने की क्षमता
(ख) विमानों को भेदने की क्षमता
(ग) पानी के अंदर छिपी पनडुब्बी को नष्ट करने की क्षमता
(घ) तट आधारित रेडियो-कंट्रास्ट लक्ष्यों को भी निशाना बनाने की क्षमता

512. यह मिसाइल कैसी अवस्था में छोड़ी जा सकती है?
(क) 90 डिग्री के कोण में
(ख) क्षैतिजाकार अवस्था में
(ग) किसी भी कोण से
(घ) ऊर्ध्वाधर या झुकी हुई अवस्था में

उत्तर के लिए कृपया पृष्ठ सं. 171-172 देखें।

513. 'ब्रह्मोस' मिसाइल का व्यास कितना है?
(क) लगभग 500 मिलीमीटर (ख) लगभग 700 मिलीमीटर
(ग) लगभग 750 मिलीमीटर (घ) लगभग 1,000 मिलीमीटर

514. पुणे स्थित हाई एनर्जी मैटीरियल्स लेबोरेटरी का इतिहास कब से आरंभ होता है?
(क) वर्ष 1907 से (ख) वर्ष 1909 से
(ग) वर्ष 1908 से (घ) वर्ष 1906 से

515. अंग्रेजों ने पहली परीक्षण फायरिंग के बाद चाँदीपुर में कब प्रूफ ऐंड एक्सपेरीमेंटल इस्टेब्लिशमेंट (पी.ई.ई.) की स्थापना की थी?
(क) सन् 1890 में (ख) सन् 1892 में
(ग) सन् 1894 में (घ) सन् 1893 में

516. उन्नत प्रायोगिक एंटी सब–मेरिन तारपीडो का प्रौद्योगिकी प्रदर्शन कब पूर्ण हुआ?
(क) सन् 1996 में (ख) सन् 1997 में
(ग) सन् 1995 में (घ) सन् 1999 में

517. देश में खाद्य प्रसंस्करण तथा संरक्षण का मार्गदर्शक संस्थान कौन सा है?
(क) डिफेंस फूड रिसर्च लैबोरेटरी
(ख) फूड रिसर्च लैबोरेटरी ऑफ इंडिया
(ग) फूड रिसर्च ऑर्गेनाइजेशन
(घ) इंडियन फूड रिसर्च इंस्टीट्यूट

518. डी.आर.डी.ओ. की अधिक ऊँचाई पर शोध की कितनी प्रयोगशालाएँ हैं?
(क) एक प्रयोगशाला (ख) दो प्रयोगशालाएँ
(ग) तीन प्रयोगशालाएँ (घ) चार प्रयोगशालाएँ

519. इन प्रयोगशालाओं के नाम क्या हैं?
(क) एफ.आर.एल.
(ख) डी.आर.एल., एफ.आर.एल.
(ग) एफ.आर.एल., डी.ए.आर.एल., डी.आर.एल.
(घ) डी.ए.आर.एल, एफ.आर.एल., डी.आर.एल.

520. इस प्रयोगशाला समूह को किस नाम से जाना जाता है?
(क) इंडियन लैब (ख) हिमालयन लैब
(ग) भारतीय लैबोरेटरी (घ) स्वाई लैब

उत्तर के लिए कृपया पृष्ठ सं. 172 देखें।

521. डॉ. कलाम ने जोधपुर में रेगिस्तानी इलाके के गाँवों में पेयजल (सुजलम) की व्यवस्था कब स्थापित की?

(क) 13 दिसंबर, 1998 को (ख) 15 अक्तूबर, 1996 को

(ग) 13 दिसंबर, 1997 को (घ) 12 जनवरी, 2003 को

522. डॉ. कलाम को 'डॉक्टर ऑफ फिलोसफी' की उपाधि किस विश्वविद्यालय ने दी है?

(क) जवाहरलाल नेहरू टेक्नोलॉजिकल यूनिवर्सिटी, हैदराबाद

(ख) जाधवपुर यूनिवर्सिटी, प. बंगाल

(ग) दिल्ली विश्वविद्यालय, दिल्ली

(घ) बुंदेलखंड विश्वविद्यालय, झाँसी

523. डॉ. कलाम को 'डॉक्टर ऑफ लिटरेचर' की उपाधि किन-किन विश्वविद्यालयों ने दी है?

(क) सागर विश्वविद्यालय और जामिया यूनिवर्सिटी ने

(ख) दिल्ली विश्वविद्यालय

(ग) बुंदेलखंड विश्वविद्यालय

(घ) बाबा साहब अंबेडकर मराठवाड़ा वि.वि. और विश्वभारती, शांति निकेतन ने

524. इंडियन नेशनल एकेडमी ऑफ इंजीनियरिंग द्वारा डॉ. कलाम को कौन सा अवार्ड दिया गया?

(क) मिसाइल मैन ऑफ द इयर अवार्ड

(ख) इंजीनियरिंग में 'लाइफ टाइम कंट्रीब्यूशन अवार्ड'

(ग) मि. इंजीनियर ऑफ इयर अवार्ड

(घ) नेशनल डिजाइन अवार्ड

525. वह कौन सा एक प्रमुख कारण था, जिसने एक समय भारत को इतना समृद्ध बना दिया था और आज उसकी कमी है?

(क) भारत में सोना बहुत था

(ख) भारत में अंग्रेजी राज्य था

(ग) निष्ठा के साथ काम करना और निष्ठा के साथ सफल होना

(घ) महात्मा गांधी जैसे देशभक्त

उत्तर के लिए कृपया पृष्ठ सं. 172 देखें।

526. डी.टी.डी. एंड पी. में सहायक वैज्ञानिक के पद पर नियुक्त कलाम का वेतन कितना था?
(क) 1,500 रुपए प्रति माह (ख) 2,000 रुपए प्रति माह
(ग) 5,000 रुपए प्रति माह (घ) 250 रुपए प्रति माह

527. कलाम को पराध्वनि लक्ष्यभेदी विमान का डिजाइन तैयार करने की जिम्मेदारी सौंपनेवाले तकनीकी निदेशालय के इंचार्ज कौन थे?
(क) आर. वेंकटरमन (ख) आर. वरदराजन
(ग) जनरल कृष्णराव (घ) एन.आर. अय्यर

528. कानपुर की विमान एवं हथियार प्रशिक्षण इकाई में किस विमान के परीक्षण के लिए डॉ. कलाम को भेजा गया था?
(क) एम.के.-1 (ख) सुखोई
(ग) नंदी (घ) रोहिणी

529. भारत सरकार ने डॉ. कलाम को अपने अनुभवों से किस संस्थान को लाभ पहुँचाने तथा बेंगलुरु जाकर वैमानिकी में नए मानदंड स्थापित करने की दृष्टि से कहाँ भेजा था?
(क) डी.आर.डी.ओ.
(ख) नाभिकीय कमान प्राधिकरण
(ग) वैमानिकी विकास प्राधिकरण
(घ) इसरो उपग्रह केंद्र

530. वैमानिकी विकास प्राधिकरण, बेंगलुरु के निदेशक डॉ. ओ.पी. मेंदीरत्ता ने जिस विमान का डिजाइन तैयार करने के लिए वैज्ञानिकों एवं तकनीशियनों के दल का गठन किया था, उसका क्या नाम था?
(क) एंटी एयर क्राफ्ट
(ख) सुपरसोनिक एयर क्राफ्ट
(ग) स्पाई एयर क्राफ्ट
(घ) स्वदेशी हॉवर क्रॉफ्ट (मँडरानेवाला विमान)

531. 'सत्य की तलाश जारी रखो, सत्य ही तुम्हें रास्ता दिखाएगा', निराशा के क्षणों में डॉ. कलाम को कहे ये शब्द याद आए थे। ये शब्द उनसे किसने कहे थे?
(क) अन्नादुरै सोलोमन में
(ख) प्रो. विक्रम साराभाई ने
(ग) रामेश्वरम् स्थित शिव मंदिर के प्रमुख पुजारी पं. लक्ष्मण शास्त्री ने
(घ) बहनोई जलालुद्दीन ने

उत्तर के लिए कृपया पृष्ठ सं. 172 देखें।

532. हॉवर क्राफ्ट 'नंदी' की सवारी करने के बाद प्रो. एम.जी.के. मेनन ने डॉ. कलाम को किस नवगठित संस्था से जुड़ने के लिए आमंत्रित किया?
(क) इसरो उपग्रह केंद्र से
(ख) विक्रम साराभाई अंतरिक्ष केंद्र से
(ग) भारतीय राष्ट्रीय उपग्रह केंद्र
(घ) भारतीय अंतरिक्ष अनुसंधान परिषद् से

533. भारतीय अंतरिक्ष अनुसंधान परिषद् ने कलाम की नियुक्ति किस पद पर की?
(क) मिसाइल इंजीनियर के रूप में
(ख) रॉकेट इंजीनियर के रूप में
(ग) प्रशासक के रूप में
(घ) प्रमुख वैज्ञानिक के रूप में

534. भारतीय अंतरिक्ष अनुसंधान परिषद् ने तिरुवनंतपुरम के निकट किस गाँव में और कब रॉकेट प्रशिक्षण केंद्र स्थापित किया?
(क) थुंबा गाँव में, 1962 में (ख) रॉटो गाँव में, 1961 में
(ग) कोडि गाँव में, 1963 में (घ) पद्मा गाँव में, 1964 में

535. वह कौन सा चर्च था, जिसके प्रार्थना-कक्ष में डॉ. कलाम ने डिजाइन और ड्राइंग के लिए प्रयोगशाला बनाई थी?
(क) जीसस क्राइस्ट चर्च (ख) सिटी हार्ट चर्च
(ग) सेंट मार्क्स चर्च (घ) सेंट मेरी मैगडेलन चर्च

536. नासा के जिस केंद्र पर रॉकेट संबंधी सभी कार्यक्रम तैयार किए जाते हैं, उस केंद्र का क्या नाम है?
(क) ट्राइडेंट फ्लाइट स्टेशन (ख) वैलप फ्लाइट फैसिलिटी
(ग) कैनेडी स्पेस सेंटर (घ) बेकानूर लॉञ्चिंग फैसिलिटी

537. डॉ. कलाम के अनुसार भारत में किस संस्कृति का अभाव है?
(क) कर्म संस्कृति (ख) आपसी भाईचारा
(ग) श्रम संस्कृति (घ) पठन-पाठन

538. वैलप फ्लाइट फैसिलिटी सेंटर के स्वागत-कक्ष में एक पेंटिंग लगी थी; वह पेंटिंग किस भारतीय राजा द्वारा रॉकेटों से युद्ध करने की शैली पर आधारित थी, जिससे डॉ. कलाम को प्रेरणा मिली?
(क) टीपू सुल्तान (ख) बाबर
(ग) अकबर (घ) महाराणा प्रताप

उत्तर के लिए कृपया पृष्ठ सं. 172 देखें।

539. भारतीय संस्थानों में डॉ. कलाम ने जो बात महसूस की, वह थी, भारतीय संस्थानों में सबसे ज्यादा मुश्किलें पैदा करने वाली चीज, जो लोगों में व्याप्त है—

(क) अज्ञान (ख) धैर्य का अभाव

(ग) भ्रष्टाचार (घ) अवज्ञा रूपी अहंकार

540. डॉ. कलाम के अनुसार देश में फैला भ्रष्टाचार कौन खत्म कर सकता है ?

(क) महिलाएँ (ख) जागरूक पुरुष

(ग) बच्चे (घ) घर के बुजुर्ग

541. 'नाइक-अपाची' को प्रक्षेपित करने में डॉ. कलाम के जिन दो साथियों ने सक्रिय भूमिका निभाई थी, उनके नाम हैं—

(क) प्रो. सुधाकर और जयचंद्र बाबू

(ख) प्रो. मंगलम और विनायक

(ग) डी. ईश्वर दास और आर. अर्वामुदन

(घ) डॉ. भगवंतम और जयन

542. 'नाइक-अपाची' के प्रक्षेपण की व्यवस्था किसने की थी?

(क) अर्वामुदन ने (ख) प्रो. सुधाकर ने

(ग) जयचंद्र बाबू ने (घ) डी. ईश्वर दास ने

543. टीपू सुल्तान की सेना में कितनी ब्रिगेड थीं और उन्हें क्या कहा जाता था?

(क) 37 ब्रिगेड थीं, उन्हें कुमुक कहा जाता था

(ख) 27 ब्रिगेड थीं, उन्हें कुशून कहा जाता था

(ग) 15 ब्रिगेड थीं, उन्हें वाहिनी कहा जाता था

(घ) 23 ब्रिगेड थीं, उन्हें शत्रुमर्दिनी कहा जाता था

544. थुंबा इक्वेटोरियल रॉकेट लॉन्चिंग स्टेशन को विकसित करने के लिए किन-किन देशों का सहयोग लिया गया?

(क) फ्रांस, अमेरिका और सोवियत संघ

(ख) जर्मनी, फ्रांस और ब्रिटेन

(ग) अमेरिका, सोवियत संघ और इटली

(घ) ब्रिटेन, सोवियत संघ और फ्रांस

उत्तर के लिए कृपया पृष्ठ सं. 172 देखें।

545. "मुझे रॉकेट प्रक्षेपण से लेकर मिसाइलों के निर्माण तक हर तरह की तकनीकी अपने देश में चाहिए। कुछ भी कीजिए, इस लक्ष्य को पूरा करना ही है।" ये शब्द डॉ. विक्रम साराभाई से किसने कहे थे?

(क) जवाहरलाल नेहरू ने (ख) श्रीमती इंदिरा गांधी ने

(ग) राजीव गांधी ने (घ) अटल बिहारी वाजपेयी ने

546. डॉ. कलाम की प्रतिभा और स्वदेशी मिसाइल विकसित करने की क्षमता के प्रति आशावान ग्रुप कैप्टन बी.एस. नारायण किस कार्यक्रम को लेकर अत्यधिक उत्साहित थे?

(क) विदेश भ्रमण कार्यक्रम को लेकर

(ख) नासा में एक साथ काम करने को लेकर

(ग) 'नंदी' हॉवरक्राफ्ट को लेकर

(घ) स्वदेशी मिसाइल कार्यक्रम को लेकर

547. सन् 1962 और 1965 के युद्धों में भारत को किस हथियार की कमी से बहुत कष्ट झेलना पड़ा था, जिसके कारण देश में उन्हें विकसित करना एक बहुत बड़ी आवश्यकता बन गई थी?

(क) मिसाइलों की (ख) पनडुब्बियों की

(ग) युद्धक विमानों की (घ) युद्धक टैंकों की

548. रॉटो परियोजना में कुल मिलाकर कितने इंजीनियर काम कर रहे थे?

(क) 10 (ख) 20

(ग) 150 (घ) 30

549. योजना शुरू होने के कितने महीने बाद रॉटो का पहला परीक्षण कर लिया गया था?.

(क) 7वें महीने में (ख) 13वें महीने में

(ग) 12वें महीने में (घ) 9वें महीने में

550. रूसी मिसाइल एस.ए.-2 के आधार पर विकसित होनेवाली स्वदेशी परियोजना, जो सन् 1972 में आरंभ की गई थी, उसका क्या नाम था?

(क) डेल्टा (ख) मोलनिया

(ग) एरियन (घ) ईश्वर दास

551. 24 जुलाई, 1974 को यह घोषणा कि भारत में उपग्रह प्रक्षेपण यान बनाने का काम बहुत तीव्र गति से हो रहा है, और सन् 1978 में यह घोषणा कि भारत अपना पहला उपग्रह छोड़ेगा, किसने की थी?

(क) श्रीमती इंदिरा गांधी ने

उत्तर के लिए कृपया पृष्ठ सं. 172 देखें।

(ख) बी.डी. पांडे, मंत्रिमंडल सचिव ने

(ग) राष्ट्रपति वी.वी. गिरि ने

(घ) संजय गांधी ने

552. डॉ. कलाम की कामयाबी का राज क्या है?

(क) समर्पण भाव से काम

(ख) काम के प्रति जुनून

(ग) उनका अपने साथियों पर अटूट विश्वास और उनमें उत्साह जगाए रखने की कला

(घ) खुद पर भरोसा और आत्मविश्वास

553. ''तुम रॉकेट विज्ञान को अपनी जीविका मत बनाओ, इसे अपना धर्म समझो, अपना मिशन बनाओ।'' डॉ. कलाम से यह किसने कहा था?

(क) आइंस्टीन के सहयोगी वैज्ञानिक एस.एन. बोस ने

(ख) जे.वी. नार्लीकर ने

(ग) डॉ. सुब्रमण्यम चंद्रशेखर ने

(घ) जर्मनी के महान् अंतरिक्ष वैज्ञानिक वर्नहर फोन ब्रोन ने

554. डॉ. फोन ब्रोन में डॉ. कलाम को किसकी छवि दिखाई पड़ी?

(क) आइंस्टीन की (ख) होमी जहाँगीर भाभा की

(ग) डॉ. विक्रम साराभाई की (घ) सर आइजक न्यूटन की

555. डॉ. कलाम ने किसके इशारे पर मिसाइल विकास परियोजना को बदलकर उसके स्थान पर इंटीग्रेटेड गाइडेड मिसाइल डेवलेपमेंट प्रोग्राम के प्रिंट तैयार किए?

(क) प्रधानमंत्री इंदिरा गांधी (ख) रक्षामंत्री श्री वेंकटरमन

(ग) वी.के. कृष्णमेनन (घ) प्रो. एम.जी.के. मेनन

556. डॉ. कलाम के अनुसार 'अग्नि' मिशन की दो प्रमुख बातें कौन सी थीं?

(क) कार्य और कार्यकर्ता (ख) धन और बल

(ग) विज्ञान और वैज्ञानिक (घ) श्रम और खाद्य

557. रक्षा मंत्री के.सी. पंत से डॉ. कलाम ने 'अग्नि' की सफलता पर क्या तोहफा लेना पसंद किया था?

(क) अपनी तरक्की

(ख) सहयोगियों के लिए नकद इनाम

(ग) विदेश यात्रा

(घ) आर.सी.आई. में एक लाख पौधों का रोपण

उत्तर के लिए कृपया पृष्ठ सं. 172-173 देखें।

558. "आपको जो कष्ट उठाने पड़ रहे हैं, मैं उन्हें समझ सकता हूँ। आप इन जंगलों में श्रीमती गांधी के और 80 करोड़ देशवासियों के स्वप्न को साकार कर रहे हैं। आपको मेरी ओर से पूरा सहयोग मिलता रहेगा।" ये शब्द डॉ. कलाम से किसने कहे?

(क) राजीव गांधी ने (ख) के.सी. पंत ने
(ग) ज्ञानी जैल सिंह ने (घ) सोनिया गांधी ने

559. डॉ. कलाम ने अपने जीवन में किस बात से आगे बढ़ने की प्रेरणा पाई?

(क) हवाई जहाज को उड़ते देखकर
(ख) पंछियों को खुले आकाश में ऊँचे उड़ते देखकर
(ग) यह सोचकर कि लक्ष्य पाने के लिए उन्हें कितनी दूर चलना है
(घ) महान् लोगों के जीवन-संघर्ष को देखकर

560. किस मिसाइल के विकास से देश को पायलट रहित विमान की तकनीकी हाथ लग गई थी?

(क) ब्रह्मोस (ख) त्रिशूल
(ग) अग्नि (घ) पृथ्वी

561. किस विश्वविद्यालय के युवा इंजीनियरों की एक टीम ने प्रो. घोषाल के निर्देशन में 'पृथ्वी' मिसाइल प्रक्षेपण के लिए निर्देशन प्रणाली तैयार की थी?

(क) दिल्ली विश्वविद्यालय
(ख) पूर्वोत्तर पर्वतीय विश्वविद्यालय
(ग) जाधवपुर विश्वविद्यालय
(घ) बुंदेलखंड विश्वविद्यालय

562. इंडियन इंस्टीट्यूट ऑफ साइंस में प्रोफेसर आई.जी. शर्मा की देख-रेख में छात्रों ने एक एयर डिफेंस सॉफ्टवेयर विकसित किया था। वह किस मिसाइल के लिए था?

(क) 'पृथ्वी' मिसाइल के लिए (ख) 'त्रिशूल' मिसाइल के लिए
(ग) 'अग्नि' मिसाइल के लिए (घ) 'आकाश' मिसाइल के लिए

563. आई.आई.टी., मद्रास और डी.आर.डी.ओ. के वैज्ञानिकों ने किस मिसाइल के लिए री-एंट्री व्हीकल सिस्टम डिजाइन मैथाडोलॉजी विकसित की थी?

(क) अग्नि (ख) धनुष
(ग) ब्रह्मोस (घ) सागरिका

उत्तर के लिए कृपया पृष्ठ सं. 173 देखें।

564. 'नाग' मिसाइल के लिए सिगनल प्रोसेसिंग प्रणाली किस विश्वविद्यालय की नेवीगेशनल इलेक्ट्रॉनिक रिसर्च ऐंड ट्रेनिंग यूनिट ने विकसित की थी?
(क) जाधवपुर विश्वविद्यालय
(ख) उस्मानिया विश्वविद्यालय
(ग) जवाहरलाल नेहरू यूनिवर्सिटी
(घ) अलीगढ़ मुसलिम यूनिवर्सिटी

565. 'पृथ्वी' मिसाइल की परिशुद्धता कितने सी.ई.पी. थी?
(क) 100 सी.ई.पी. (ख) 75 सी.ई.पी.
(ग) 50 सी.ई.पी. (घ) 35 सी.ई.पी.

566. बिहार में डॉ. कलाम की किस तकनीक (फॉर्मूला) को अपनाते हुए कृषि उत्पादकता बढ़ाने में सफलता मिली?
(क) अच्छी सिंचाई (ख) सिस्टम्स एप्रोच
(ग) अच्छी खाद (घ) उच्च ब्रांड के बीज

567. इस परियोजना का परीक्षण कैसे किया गया?
(क) 12 एकड़ भूमि में 12 कृषक परिवारों के साथ
(ख) 12 एकड़ भूमि में 10 कृषक परिवारों के साथ
(ग) 100 एकड़ भूमि में 10 कृषक परिवारों के साथ
(घ) 1 एकड़ भूमि में 1 कृषक परिवार के साथ

568. बाद में सिस्टम्स एप्रोच तकनीक को कितने गाँवों में लागू किया गया?
(क) 50 गाँवों में (ख) पूरे बिहार में
(ग) 55 गाँवों में (घ) 100 सौ गाँवों में

569. बच्चों के संबंध में डॉ. कलाम का नवीनतम सपना क्या है?
(क) बच्चों के तेजस्वी मस्तिष्कों की मेधा-शक्ति को विकसित करना
(ख) उन्हें विकसित राष्ट्र की ओर ले जाना
(ग) उन्हें स्वावलंबी और अनुशासित बनाना
(घ) उनमें देशभक्ति की भावना भरना

570. 'विकासशील' से 'विकसित' देश के दर्जे तक देश के सफल रूपांतरण में डॉ. कलाम किनकी भागीदारी को अनिवार्य मानते हैं?
(क) सैनिकों की भागीदारी (ख) वृद्धों की भागीदारी
(ग) वैज्ञानिकों की भागीदारी (घ) बच्चों की भागीदारी

उत्तर के लिए कृपया पृष्ठ सं. 173 देखें।

571. डॉ. कलाम बच्चों को कितना शक्तिशाली मानते हैं?

(क) उनके माँ-पिता से कम शक्तिशाली

(ख) धरती पर सर्वाधिक शक्तिशाली

(ग) दूसरों पर निर्भर और अशक्त

(घ) उन्हें नहीं मालूम

572. 'अग्नि' की उड़ान सफल होने पर तत्कालीन रक्षा मंत्री के.सी. पंत से तोहफे के तौर पर कलाम ने क्या माँगा था?

(क) हैदराबाद में नव स्थापित मिसाइल रिसर्च सेंटर कॉम्प्लेक्स के लिए एक लाख पौधे

(ख) अपनी तरक्की

(ग) खुद के लिए नकद इनाम

(घ) सहयोगियों के लिए नकद इनाम

573. आर.सी.आई. कैसी जगह पर बनाई गई थी?

(क) एक हरे-भरे स्थान पर पेड़ों से घिरी जगह पर

(ख) बड़ी-बड़ी चट्टानों से भरे एक सूखे स्थान पर

(ग) समुद्र तट के नजदीक एक हरे-भरे स्थान पर

(घ) रेगिस्तान में

574. चाँदीपुर परीक्षण रेंज में डॉ. कलाम ने लैब निदेशक को वहाँ अतिरिक्त गतिविधि के तौर पर क्या विकसित करने को कहा?

(क) आवासीय कॉलोनी (ख) चिकित्सालय

(ग) संगीत विद्यालय (घ) पक्षी अभयारण्य

575. उड़ीसा सरकार की तकनीकी मदद से वहाँ किस प्रकार का निर्माण कराया गया?

(क) दो संगीत विद्यालय (ख) एक पशु चिकित्सालय

(ग) 7 एकड़ भूमि में दो तालाब (घ) एक बड़ी झील

576. चाँदीपुर के निकट डॉ. कलाम द्वारा बनवाए गए अभयारण्य में कहाँ के पक्षी भी आते हैं?

(क) हार्दी ईगल (ब्राजील) (ख) साइबेरियाई सारस

(ग) पी फाउल (मध्य अफ्रीका) (घ) सेंड वाइपर (पूर्वी एशिया)

□

उत्तर के लिए कृपया पृष्ठ सं. 173 देखें।

राष्ट्रपति कलाम

577. डॉ. कलाम को कितने प्रतिशत बहुमत द्वारा भारत का राष्ट्रपति चुना गया?
(क) 80 प्रतिशत (ख) 90 प्रतिशत
(ग) 100 प्रतिशत (घ) 60 प्रतिशत

578. डॉ. कलाम के राष्ट्रपति चुने जाने की घोषणा कब की गई?
(क) 15 जुलाई, 2001 को (ख) 17 जुलाई, 2002 को
(ग) 24 जुलाई, 2001 को (घ) 24 जुलाई, 2002 को

579. डॉ. कलाम के सचिव किस बैच के आई.ए.एस. अधिकारी थे?
(क) 1956 बैच के (ख) 1966 बैच के
(ग) 1967 बैच के (घ) 1986 बैच के

580. डॉ. कलाम को भारत के कौन से राष्ट्रपति के तौर पर शपथ दिलाई गई?
(क) दसवें राष्ट्रपति के तौर पर (ख) बारहवें राष्ट्रपति के तौर पर
(ग) तेरहवें राष्ट्रपति के तौर पर (घ) चौदहवें राष्ट्रपति के तौर पर

581. डॉ. कलाम की ताजपोशी किस दिन की गई थी?
(क) 17 जुलाई, 2001 को (ख) 17 जुलाई, 2003 को
(ग) 25 जुलाई, 2002 को (घ) 25 जुलाई, 2004 को

582. डॉ. कलाम को राष्ट्रपति पद की शपथ किसने दिलाई?
(क) मुख्य न्यायाधीश बी.एन. कृपाल ने
(ख) प्रधानमंत्री अटल बिहारी वाजपेयी ने
(ग) पूर्व राष्ट्रपति ज्ञानी जैल सिंह ने
(घ) उपराष्ट्रपति कृष्णकांत ने

उत्तर के लिए कृपया पृष्ठ सं. 173 देखें।

583. अपने पहले भाषण में डॉ. कलाम ने कबीर की किन पंक्तियों को उद्धृत किया?
(क) जो तो को काँटा बुवै ताहि बुवै तू फूल
(ख) बीती ताहि बिसार दे आगे की सुधि लेहु
(ग) काल करे सो आज कर, आज करे सो अब
(घ) उपर्युक्त में कोई नहीं

584. शपथ ग्रहण हेतु डॉ. कलाम से किसी शुभ समय के बारे में पूछा गया तो उनका क्या जवाब था?
(क) शुभ समय कभी नहीं आता (ख) शुभ–अशुभ साथ–साथ चलते हैं
(ग) प्रत्येक समय शुभ होता है (घ) अशुभ ही शुभ है

585. राष्ट्रपति डॉ. कलाम को कहाँ से एक स्त्री ने प्रेमपत्र लिखकर भेजा था और शादी का प्रस्ताव रखा था?
(क) दिल्ली की एक महिला ने (ख) पटना की एक महिला ने
(ग) अमेरिका की एक महिला ने (घ) हैदराबाद की एक महिला ने

586. डॉ. कलाम ने कितनी यात्राएँ कीं?
(क) 50 से अधिक (ख) 100 से अधिक
(ग) 175 से अधिक (घ) 300 से अधिक

587. राष्ट्रपति डॉ. कलाम ने कितने राज्यों का दौरा किया?
(क) बिहार को छोड़कर सभी राज्यों का
(ख) सिक्किम को छोड़कर सभी राज्यों का
(ग) अरुणाचल को छोड़कर सभी राज्यों का
(घ) लक्षद्वीप को छोड़कर सभी राज्यों और संघीय क्षेत्रों का

588. लक्षद्वीप का अंतिम दौरा कब निरस्त हो गया?
(क) जून 2006 में (ख) मई 2005 में
(ग) जुलाई 2007 में (घ) जनवरी 2006 में

589. इस यात्रा को किस कारण से रद्द किया गया?
(क) भयंकर सुनामी की वजह से (ख) भयंकर मानसून की वजह से
(ग) भूकंप आने के कारण (घ) जहाज में खराबी के कारण

590. डॉ. कलाम को किस वर्ष उड़ीसा की यात्रा में अनेक बाधाएँ आईं, फिर भी वे वहाँ जाने में सफल रहे?
(क) जनवरी 2002 में (ख) मार्च 2002 में
(ग) मई 2003 में (घ) अक्तूबर 2003 में

उत्तर के लिए कृपया पृष्ठ सं. 173 देखें।

591. डॉ. कलाम तिरुअनंतपुरम, कोच्चि और अलपुझा कब गए?

(क) 20 अगस्त, 2003 को (ख) 31 दिसंबर, 2003 को

(ग) 1 जनवरी, 2004 को (घ) 29 जुलाई, 2005 को

592. राष्ट्रपति के रूप में डॉ. कलाम की यात्रा किस राज्य से शुरू हुई थी?

(क) गुजरात से (ख) चेन्नई से

(ग) कर्नाटक से (घ) केरल से

593. राष्ट्रपति बनने के कितने समय बाद डॉ. कलाम रामेश्वरम् गए?

(क) एक वर्ष बाद (ख) दो वर्ष बाद

(ग) तीन वर्ष बाद (घ) चार वर्ष बाद

594. डॉ. कलाम ने विदेश यात्रा पर जाने के पहले क्या संकल्प लिया?

(क) जब कहीं से बुलावा आएगा तब जाएँगे

(ख) कार्यकाल के दौरान नहीं जाएँगे

(ग) जब पूरा देश घूम लेंगे तब जाएँगे

(घ) उपर्युक्त सभी

595. राष्ट्रपति के तौर पर पहली यात्रा के लिए डॉ. कलाम ने गुजरात का चयन क्यों किया?

(क) क्योंकि उन्हें गुजरात बहुत पसंद था

(ख) क्योंकि वे भारत के पश्चिम से यात्रा शुरू करना चाहते थे

(ग) क्योंकि वे कच्छ का रन देखना चाहते थे

(घ) फरवरी–मार्च 2002 में हुए दंगों के बाद प्रकाश में आए गुजरात से सभी जगह शांति का संदेश भेजा जा सके

596. राष्ट्रपति की संवैधानिक शक्तियों का उल्लेख कहाँ किया गया है?

(क) भारतीय संविधान के अनुच्छेद 74 में

(ख) भारतीय संविधान के अनुच्छेद 112 में

(ग) भारतीय संविधान के अनुच्छेद 123 के तहत अध्याय 3 में

(घ) उपर्युक्त सभी में

597. जन प्रतिनिधित्व कानून 1951 में सुधार के लिए अध्यादेश को राष्ट्रपति के पास कब भेजा गया?

(क) जनवरी 2001 में (ख) अगस्त 2002 में

(ग) जनवरी 2002 में (घ) अगस्त 2004 में

उत्तर के लिए कृपया पृष्ठ सं. 173 देखें।

598. अपने राष्ट्रपति–कार्यकाल के दौरान डॉ. कलाम किस बात से सबसे ज्यादा भयभीत रहते थे?

(क) रिश्वतखोरी की बात से (ख) हत्या हो जाने की बात से

(ग) पद छिन जाने की बात से (घ) कलंक लगने की बात से

599. डॉ. कलाम राष्ट्रपति भवन में अकेले कैसे समय बिताते थे?

(क) रुद्र वीणा के साथ (ख) सितार के साथ

(ग) बाँसुरी के साथ (घ) तबला के साथ

600. राष्ट्रपति भवन में उन्होंने किस कार्यक्रम की शुरुआत की?

(क) रंगीन बगीचा नामक कार्यक्रम की

(ख) संगीत उत्सव नामक कार्यक्रम की

(ग) नाट्य उत्सव नामक कार्यक्रम की

(घ) इंद्रधनुष नामक सांस्कृतिक कार्यक्रम की

601. राष्ट्रपति भवन के रंगमंच पर कितने समारोह आयोजित किए गए?

(क) लगभग 53 (ख) 60 से अधिक

(ग) 70 से अधिक (घ) 100 से अधिक

602. उस्ताद बिस्मिल्ला खाँ का अंतिम कार्यक्रम कहाँ हुआ?

(क) सीरी फोर्ट में (ख) मुगल गार्डन में

(ग) मंडी हाउस में (घ) विज्ञान भवन में

603. बिहार विधानसभा भंग करने की सिफारिश डॉ. कलाम के पास कब भेजी गई?

(क) जनवरी 2004 में (ख) मार्च 2004 में

(ग) अप्रैल 2005 में (घ) मई 2005 में

604. यूरोपीय संसद् ने डॉ. कलाम को कब आमंत्रित किया था?

(क) जनवरी 2005 में (ख) फरवरी 2006 में

(ग) अक्तूबर 2006 में (घ) सितंबर 2008 में

605. डॉ. कलाम सियाचिन की ऐतिहासिक यात्रा पर कब गए?

(क) 2 मार्च, 2003 को (ख) 2 अप्रैल, 2004 को

(ग) 5 अगस्त, 2005 को (घ) 5 अगस्त, 2006 को

606. डॉ. कलाम सियाचिन में कितनी ऊँचाई पर उतरे?

(क) 16,000 फीट की ऊँचाई पर (ख) 18,000 फीट की ऊँचाई पर

(ग) 20,000 फीट की ऊँचाई पर (घ) 22,000 फीट की ऊँचाई पर

उत्तर के लिए कृपया पृष्ठ सं. 173-174 देखें।

607. डॉ. कलाम ने राष्ट्रपति भवन कब छोड़ा?

(क) जुलाई 2007 में (ख) सितंबर 2008 में

(ग) जनवरी 2006 में (घ) मार्च 2006 में

608. राष्ट्रपति रहते हुए डॉ. कलाम ने सुखोई-3 एम.के.आई. लड़ाकू विमान कब उड़ाया था?

(क) 2 जून, 2006 को

(ख) 8 जून, 2006 को

(ग) 1 जुलाई, 2005 को

(घ) 9 अगस्त, 2006 को

609. लड़ाकू विमान चलाने का यह करिश्मा डॉ. कलाम ने कहाँ दिखाया था?

(क) हिंडन एयरबेस पर

ख) लेह एयरबेस पर

(ग) अंडमान विमानपत्तन पर

(घ) पुणे के पास लोहेगाँव हवाई अड्डे पर

610. इस दौरान डॉ. कलाम के साथ उड़ान में और कौन थे?

(क) विंग कमांडर अजय राठौर

(ख) विंग कमांडर राकेश शर्मा

(ग) विंग कमांडर भंडारी

(घ) विंग कमांडर प्रमोद बख्शी

611. उस समय 75 वर्षीय डॉ. कलाम ने डर के बारे में पूछने पर क्या बताया?

(क) बहुत डर लगा

(ख) डरने का समय ही नहीं था, लगातार विमान नियंत्रण में लगा रहा

(ग) धड़कनों पर काबू करना आसान नहीं था

(घ) बताना बड़ा कठिन है

612. प्रभावशाली नेता के क्या गुण होते हैं?

(क) ईमानदारी

(ख) नैतिकता

(ग) जनसेवा

(घ) जो अनुयायियों को ऐसे उद्देश्यों के साथ जोड़े रखता है, जो एक संगठन या समाज में सुधार ला सकते हैं

उत्तर के लिए कृपया पृष्ठ सं. 174 देखें।

613. एक अच्छा नेतृत्व क्या होता है?
(क) जो भीड़ जुटा सके
(ख) जो 'सच्चे' मूल्य स्थापित कर सके
(ग) जिस पर लोगों को विश्वास हो
(घ) जो सबके हितों का खयाल रखे

614. डॉ. कलाम ने नेतृत्व के लिए किन छह चीजों को जरूरी माना है?
(क) ईमानदारी, अनुशासन, समयबद्धता, सेवा, जिम्मेदारी और जवाबदेही
(ख) ज्ञान, विज्ञान, ईमान, उच्च विचार, क्षमता और चरित्र
(ग) दूरदर्शिता, मूल्य, समझदारी, साहस, विश्वास और अभिव्यक्ति
(घ) शिक्षा, मूल्य, प्रखरता, स्पष्टवादिता, धीरज और संस्कार

615. राष्ट्रपति रहते हुए डॉ. कलाम अरुणाचल प्रदेश कब गए थे?
(क) वर्ष 2003 में तवांग बौद्ध मठ
(ख) वर्ष 2004 में
(ग) वर्ष 2003 में ईटानगर के एक स्थानीय स्कूल में
(घ) वर्ष 2005 में

616. तवांग में डॉ. कलाम को मठाधीश ने क्या नई बात बताई?
(क) लोग निराशावादी हो गए हैं
(ख) लोगों में नकारात्मकता भर गई है
(ग) लोग प्रकृति से दूरी के कारण हिंसक हो गए हैं
(घ) अविश्वास के कारण लोगों से प्राकृतिक खुशी छिन गई है और लोगों ने आक्रामक रवैया अपना लिया है

617. डॉ. कलाम ने सभी नेताओं को किनकी व्याख्या द्वारा मार्गदर्शन पाने की बात कही है?
(क) अरस्तू
(ख) अबू बकर (पहले खलीफा 632-634)
(ग) नेपोलियन
(घ) सुकरात

618. सामाजिक परिवर्तन लानेवाले व्यक्ति और उद्यमी के मुख्य लक्षण क्या होते हैं?
(क) साहस, ईमान और मूल्य
(ख) नैतिकता, नेतृत्व और बुद्धि कौशल

उत्तर के लिए कृपया पृष्ठ सं. 174 देखें।

(ग) इच्छा, प्रेरणा, अनुशासन और दृढ़ निश्चय

(घ) भरोसा, हौसला, समर्थन और आत्मबल

619. भारत के राष्ट्रपति के रूप में डॉ. कलाम ने सबसे कठिन निर्णय क्या लिया?

(क) गुजरात यात्रा और दंगा-पीड़ितों से बातचीत

(ख) मृत्यु की सजा पाए कैदियों की याचिकाओं को निबटाना

(ग) लाभ के पद का विधेयक संसद् को लौटाना

(घ) सोनिया गांधी को प्रधानमंत्री पद की शपथ दिलाने की ऊहापोह

620. अपने राष्ट्रपतित्व काल में डॉ. कलाम अजमेर कब गए?

(क) नवंबर 2005 में (ख) जनवरी 2005 में

(ग) नवंबर 2006 में (घ) फरवरी 2005 में

621. राष्ट्रपति रहते हुए डॉ. कलाम ने मसूरी के सेंट जॉर्ज कॉलेज के शताब्दी उत्सव में कब भाग लिया?

(क) सितंबर 2004 में (ख) अप्रैल 2004 में

(ग) मार्च 2004 में (घ) मई 2005 में

622. नैनो टेक्नोलॉजी के समाज पर पड़ सकने वाले प्रभाव को लेकर डॉ. कलाम ने राष्ट्रपति कार्यकाल के दौरान कब बैठक बुलाई थी?

(क) 21 अप्रैल, 2005 को (ख) 25 मई, 2004 में

(ग) 12 अप्रैल, 2006 को (घ) 29 अप्रैल, 2004 को

623. नैनो टेक्नोलॉजी क्या है?

(क) छोटी वस्तुएँ बनाने का विज्ञान

(ख) पदार्थ के छोटे-से-छोटे कणों के स्तर पर जोड़-तोड़ करने का विज्ञान

(ग) बड़ी वस्तुओं को छोटा करने का विज्ञान

(घ) छोटी गणनाएँ करने का विज्ञान

624. ऐसा कौन सा देश है, जो अपनी ऊर्जा जरूरतों का 80 प्रतिशत हिस्सा परमाणु से पैदा करता है?

(क) जापान (ख) जर्मनी

(ग) संयुक्त राज्य अमेरिका (घ) फ्रांस

625. नाभिकीय विज्ञान से कृषि-उत्पादकता कैसे बढ़ाई जा सकती है?

(क) उन्नत बीज अपनाकर

(ख) ज्यादा उर्वरक डालकर

(ग) विकिरण में न्यूटेशन कराकर

(घ) ज्यादा सिंचाई करके

उत्तर के लिए कृपया पृष्ठ सं. 174 देखें।

626. राष्ट्रपति के अपने कार्यकाल के दौरान डॉ. कलाम सूरत में आध्यात्मिक गुरुओं से कब मिले?
(क) सितंबर 2003 में (ख) नवंबर 2004 में
(ग) अगस्त 2003 में (घ) जनवरी 2005 में

627. राष्ट्रपति पद पर रहते हुए डॉ. कलाम वीरैया वंदवार स्मारक श्री पुष्पम् कॉलेज के दौरे पर कब गए?
(क) जून 2006 में (बेंगलुरु)
(ख) अक्तूबर 2007 में (तिरुअनंतपुरम)
(ग) मई 2006 में (दिल्ली)
(घ) सितंबर 2006 में (तंजावुर)

628. अपने राष्ट्रपतित्व-काल में डॉ. कलाम ने बनारस हिंदू विश्वविद्यालय में दीक्षांत समारोह को कब संबोधित किया?
(क) 2 मार्च, 2006 को (ख) 4 अगस्त, 2005 को
(ग) 3 मार्च, 2006 को (घ) 21 अप्रैल, 2006 को

629. राष्ट्रपति के तौर पर कलाम ने हैदराबाद स्थित नेशनल यूनिवर्सिटी के दीक्षांत समारोह को कब संबोधित किया?
(क) 19 दिसंबर, 2004 को (ख) 3 अक्तूबर, 2005 को
(ग) 3 अक्तूबर, 2003 को (घ) 29 जून, 2003 को

630. राष्ट्रपति भवन में डॉ. कलाम की अमरकुटी कहाँ स्थित थी?
(क) नीम के वृक्ष के नीचे (ख) वाचनालय में
(ग) विशाल वट वृक्ष के नीचे (घ) खुले आसमान के नीचे

631. इस अमरकुटी का निर्माण किसने किया था?
(क) असम के आदिवासियों ने
(ख) मेघालय के शिल्पकारों ने
(ग) मणिपुर के मछुआरों ने
(घ) बाँस से त्रिपुरा के शिल्पकारों ने

632. अमरकुटी में बैठकर डॉ. कलाम को कैसी अनुभूति हुई?
(क) दिव्य अनुभूति
(ख) संसार की सारी घटनाएँ किसी अनदेखी शक्ति की लीला भर नजर आती हैं
(ग) विरक्ति की अनुभूति
(घ) ईश्वर की सच्ची पहचान

उत्तर के लिए कृपया पृष्ठ सं. 174 देखें।

633. एक नेता की सबसे प्रमुख विशेषता क्या होती है?
(क) जनता को आकर्षित करना (ख) जनता का हितैषी होना
(ग) भविष्यवक्ता होना (घ) दूरदर्शी होना

634. डॉ. कलाम किन राजनेताओं को सर्वाधिक पसंद करते हैं?
(क) नेहरू और इंदिरा को
(ख) गांधीजी और नेल्सन मंडेला को
(ग) पटेल और तिलक को
(घ) अटल और आडवाणी को

635. डॉ. कलाम राष्ट्रपति पद पर रहते हुए दक्षिण अफ्रीका कब गए?
(क) अगस्त 2005 में (ख) अक्तूबर 2004 में
(ग) जनवरी 2003 में (घ) सितंबर 2004 में

636. नेल्सन मंडेला के जीवन को डॉ. कलाम कैसा मानते हैं?
(क) मंडेला का जीवन मानव के अमानवीय व्यवहारों पर मानवता की विजय का प्रतीक है
(ख) अनुकरणीय
(ग) गरीबों के प्रति हमदर्दी भरा
(घ) सर्वधर्म समभाव से भरा

637. नेल्सन मंडेला की प्रशंसा में डॉ. कलाम क्या कहते हैं?
(क) वे एक सच्चे राष्ट्रनायक हैं
(ख) वे अश्वेतों के गांधी हैं
(ग) अपने देश की जनता के लिए, एक श्रेष्ठ कार्य के लिए उन्होंने अपने जीवन का बलिदान कर दिया
(घ) उनके बलिदान ने श्वेतों के मन में डर पैदा किया

638. डॉ. कलाम के राष्ट्रपति पद सँभालनेवाले दिन 25 जुलाई, 2002 की शाम को क्या आयोजन था?
(क) सर्वधर्म प्रार्थना सभा
(ख) राजनेताओं की बैठक
(ग) प्रीतिभोज
(घ) जनता का दरबार

उत्तर के लिए कृपया पृष्ठ सं. 174 देखें।

639. राष्ट्रपति पद के शपथ ग्रहण से पूर्व डॉ. कलाम ने बीज टी.आई.एफ.ए.सी. के फलों को देखने के लिए कहाँ का दौरा किया?
(क) पुणे के एक सुदूर गाँव का
(ख) गुजरात के मेहसाणा का
(ग) तमिलनाडु के कांचीपुरम् में पेसिवक्कम गाँव में
(घ) कर्नाटक में हुबली का

640. टी.आई.एफ.ए.सी. ने वहाँ क्या उपलब्धि हासिल की?
(क) दस गाँवों में कृषकों को लगभग 30 एकड़ भूमि पर विभिन्न फसलों की खेती करने के लिए सिस्टम एप्रोच तथा प्रौद्योगिकी से प्रशिक्षित किया गया
(ख) भरपूर फसल पैदा हुई
(ग) किसानों की आमदनी बढ़ी
(घ) पूरे गाँव की संपन्नता बढ़ी

641. डॉ. कलाम के राष्ट्रपति बनने के समय उनके बड़े भाई की उम्र कितनी थी?
(क) अस्सी साल (ख) चालीस साल
(ग) अठासी साल (घ) पैंसठ साल

642. शपथ ग्रहण समारोह में भाग लेने के लिए डॉ. कलाम के पारिवारिक सदस्य दिल्ली कैसे पहुँचे थे?
(क) हवाई जहाज से (ख) ट्रेन से
(ग) बस से (घ) हेलीकॉप्टर से

643. डॉ. कलाम के पारिवारिक सदस्यों के साथ कैसा व्यवहार हुआ?
(क) साधारण व्यवहार (ख) गरिमापूर्ण व्यवहार
(ग) असाधारण व्यवहार (घ) राजकीय अतिथि की तरह

644. परिवार के दिल्ली आगमन तथा रहने का खर्चा किसने उठाया?
(क) सरकार ने (ख) स्वयं परिजनों ने
(ग) राष्ट्रपति भवन ने (घ) स्वयं डॉ. कलाम ने

645. राष्ट्रपति के अपने कार्यकाल के दौरान डॉ. कलाम स्वर्ण मंदिर कब गए?
(क) 31 अगस्त, 2004 को (ख) 13 सितंबर, 2004 को
(ग) 29 अगस्त, 2005 को (घ) 20 जनवरी, 2006 को

उत्तर के लिए कृपया पृष्ठ सं. 174-175 देखें।

646. रवींद्रनाथ टैगोर ने गांधीजी को 'महात्मा' की उपाधि कब दी थी?
(क) सन् 1916 में
(ख) सन् 1915 में दक्षिण अफ्रीका से लौटने पर
(ग) सन् 1920 में
(घ) सन् 1931 में

647. अंबेडकर और गांधीजी के बीच रहे मतभेद के बारे में डॉ. कलाम क्या कहते हैं?
(क) अलग-अलग गुण और विचारधारा यथार्थ में आवश्यक हैं
(ख) उनमें मतभेद जरूर था, पर मनभेद नहीं था
(ग) उनमें मतभेद की बात सरासर बेमानी है
(घ) दो लोगों में मतभेद होते ही हैं

648. इसका सटीक उदाहरण डॉ. कलाम क्या देते हैं?
(क) मतभेद से ही महानता का भान होता है
(ख) सूर्य के उदय होने पर ही आसमान में पूर्व और पश्चिम का भेद होता है
(ग) महान् लोगों में ही मतभेद होता है
(घ) मतभेद से निर्णय-क्षमता बढ़ती है

649. डॉ. कलाम गांधीजी को किस बात का श्रेय देते हैं?
(क) देश को आजाद कराने का
(ख) देश को पहचान दिलाने का
(ग) स्वतंत्रता की माँग को राष्ट्रव्यापी आंदोलन के रूप में परिणत करने का
(घ) नमक आंदोलन चलाने का

650. गांधीजी के किस कार्य की डॉ. कलाम सराहना करते हैं?
(क) अहिंसा की
(ख) सत्याग्रह की
(ग) अनशन की
(घ) हर वर्ग को साम्राज्यवादी शक्ति के खिलाफ संघर्ष करने के लिए गतिशील करने की

□

उत्तर के लिए कृपया पृष्ठ सं. 175 देखें।

डॉ. कलाम का व्यक्तित्व

651. अब्दुल कलाम के जीवन का अगला लक्ष्य क्या है?

(क) भारतीय लोगों के चेहरे पर मुसकराहट देखना

(ख) देश को खुशहाल देखना

(ग) भारत को विकसित होते देखना

(घ) विज्ञान की उन्नति

652. अब्दुल कलाम इस संसार में किसके सबसे बड़े प्रशंसक हैं?

(क) ईश्वर के
(ख) अपने माता-पिता के
(ग) विज्ञान के
(घ) विकास के

653. वे ईश्वर के बाद इस संसार में सबसे अधिक प्यार किसको करते हैं?

(क) संपूर्ण सृष्टि को
(ख) अपने घरवालों को
(ग) भारत को
(घ) वैज्ञानिकों को

654. अब्दुल कलाम को बच्चों से अधिक प्रेम है या विज्ञान से?

(क) बच्चों से
(ख) विज्ञान से
(ग) दोनों से
(घ) किसी से नहीं

655. अब्दुल कलाम ने देश के विद्यार्थियों से क्या सीखा?

(क) उत्तर देने का महत्त्व

(ख) प्रश्न पूछने का महत्त्व

(ग) ज्ञान देने का महत्त्व

(घ) ज्ञान बाँटने का महत्त्व

उत्तर के लिए कृपया पृष्ठ सं. 175 देखें।

656. डॉ. अब्दुल कलाम के जीवन को बदलनेवाली महत्त्वपूर्ण घटना—
(क) राष्ट्रपति बनना
(ख) वैज्ञानिक बनना
(ग) लोकप्रिय होना
(घ) उपग्रह प्रक्षेपण यान (एस.एल.वी.-3 का सफल प्रक्षेपण)

657. डॉ. अब्दुल कलाम को सबसे ज्यादा क्या करना पसंद है?
(क) वैज्ञानिक प्रयोग करना
(ख) मिसाइल बनाना
(ग) पुस्तकें लिखना
(घ) बच्चों से बातें करके उनके सपनों को जानना

658. खाली समय में कलाम साहब क्या करना पसंद करते हैं?
(क) कर्नाटक संगीत सुनना और किताबें पढ़ना
(ख) फिल्में देखना
(ग) सैर-सपाटा करना
(घ) व्याख्यान देना

659. डॉ. कलाम को अपने जीवन का कौन सा हिस्सा सबसे ज्यादा पसंद है?
(क) वैज्ञानिक के रूप में (ख) अध्यापक के रूप में
(ग) राष्ट्रपति के रूप में (घ) बालक के रूप में

660. डॉ. कलाम नीले रंग की कमीज क्यों पहनते हैं?
(क) नीला उनका पसंदीदा रंग है
(ख) नीला रंग जल्दी गंदा नहीं होता
(ग) उनकी दृष्टि में नीला एक चमत्कारी रंग है
(घ) क्योंकि नीला रंग आकाश का रंग है और वे आकाश के चमत्कारों को पसंद करते हैं

661. एक व्यक्ति की ताकत अथवा अनेक लोगों की सामूहिक सोच की तुलना करें तो कलाम के विचार में क्या शक्तिशाली है?
(क) ताकतवर मस्तिष्क की सामूहिक सोच वास्तविक शक्तिशाली है
(ख) ताकतवर मस्तिष्क वास्तविक शक्तिशाली है
(ग) सोच शक्तिशाली है
(घ) शारीरिक ताकत वास्तविक शक्तिशाली है

उत्तर के लिए कृपया पृष्ठ सं. 175 देखें।

662. डॉ. कलाम के जीवन का सबसे सुखद क्षण कौन सा था?
(क) अग्नि मिसाइल का निर्माण
(ख) राष्ट्रपति बनना
(ग) जब उन्होंने पोलियो-ग्रस्त बच्चे को हलके वजन के कैलिपर पहने खुशी से इधर-उधर दौड़ते देखा
(घ) पहली विदेश यात्रा

663. अपने जीवन से डॉ. कलाम को क्या शिक्षा मिली है?
(क) काम से प्यार करते हुए हर क्षण का आनंद लेना चाहिए
(ख) गरीबों की मदद करनी चाहिए
(ग) अच्छी योजनाएँ बनानी चाहिए
(घ) काम के साथ-साथ आराम भी करना चाहिए

664. उच्च पद पर आसीन होने के बावजूद डॉ. कलाम अपनी जिंदगी बिलकुल सादे ढंग से बिताने में सफल हुए, क्योंकि?
(क) उन्हें सादा जीवन पसंद है (ख) वे अविवाहित हैं
(ग) उनकी जरूरतें बहुत थोड़ी हैं (घ) उन्हें फिजूलखर्ची नापसंद है

665. एयरोनॉटिक्स में जाने की प्रेरणा डॉ. कलाम को किसने दी?
(क) उनके पिता ने
(ख) उनकी माता ने
(ग) उनके सभी रिश्तेदारों ने
(घ) उनके प्राइमरी शिक्षक श्री सुब्रह्मण्यम अय्यर ने

666. ईश्वर अगर कलाम साहब के सामने प्रकट हो जाएँ तो वे उनसे क्या माँगेंगे?
(क) देश की खुशहाली
(ख) राष्ट्र के लिए परिश्रमी और ज्ञान-संपन्न व्यक्ति, जो देश को आर्थिक रूप से सुदृढ़ बना दें
(ग) विज्ञान-सम्मत प्रतिभाएँ
(घ) लंबी उम्र का वरदान

667. अनेक समस्याओं के बीच भी कलाम मुसकरा लेते हैं, इसके पीछे उनका मंत्र है?
(क) हमेशा वर्तमान में जीना (ख) हमेशा मुसकराते हुए जीना
(ग) खुद को मजबूत दिखाना (घ) मुसकराकर समस्या छिपा लेना

उत्तर के लिए कृपया पृष्ठ सं. 175 देखें।

668. अब्दुल कलाम को यदि दूसरा जीवन मनुष्य रूप में मिले तो वे क्या बनना पसंद करेंगे?

(क) एक वैज्ञानिक (ख) एक चिकित्सक

(ग) एक इंजीनियर (घ) एक अध्यापक

669. डॉ. कलाम को उड़ने के बारे में जो भी संभव हो, सीखने का मिशन किसने दिया?

(क) उनके अध्यापक श्री शिवसुब्रमण्यम अय्यर ने

(ख) उनकी बहन श्रीमती जोहरा ने

(ग) रक्षा मंत्री वी.के. कृष्णमेनन ने

(घ) वैज्ञानिक प्रो. ओदा ने

670. समस्याओं से भयभीत न होकर उन पर विजय प्राप्त करके लक्ष्य तक पहुँचने की प्रेरणा डॉ. कलाम को किससे मिली?

(क) प्रो. विक्रम साराभाई से (ख) डॉ. सुब्रमण्यम चंद्रशेखर से

(ग) डॉ. सी.वी. रमन से (घ) प्रो. सतीश धवन से

671. डॉ. कलाम साहब को विजन विकसित करने की शिक्षा किसने दी?

(क) डॉ. राजा रमन्ना (ख) प्रो. सतीश धवन

(ग) डॉ. विक्रम साराभाई (घ) डॉ. एच.एन. सेठना

672. डॉ. कलाम स्वयं को किस रूप में याद करवाना पसंद करते हैं?

(क) अच्छे वैज्ञानिक के रूप में (ख) अच्छे व्यक्ति के रूप में

(ग) अच्छे राष्ट्रपति के रूप में (घ) अच्छे शिक्षक के रूप में

673. संतुलन, आत्मसंयम और आशावाद को पाने के लिए कलाम साहब क्या करते हैं ?

(क) किसी-न-किसी काम में व्यस्त रहते हैं

(ख) व्याख्यान देते हैं

(ग) योग करते हैं

(घ) लेखन करते हैं

674. डॉ. कलाम ने अपनी असफलताओं पर किस तरह विजय पाई?

(क) ईश्वर पर भरोसा करके

(ख) माता-पिता की बात मानकर

(ग) वैज्ञानिक बनकर

(घ) पूर्ण समर्पण के साथ दृढ़ रहकर

उत्तर के लिए कृपया पृष्ठ सं. 175-176 देखें।

675. अब्दुल कलाम जो भी करते हैं, उनमें कठोर अनुशासन का पालन करना क्यों पसंद करते हैं?

(क) व्यर्थ की बातों से बचने के लिए

(ख) उनके अनुसार सफल होने का यही उपाय है

(ग) खुद को गंभीर दिखाने के लिए

(घ) दूसरों को प्रभावित करने के लिए

676. अब्दुल कलाम के अनुसार जीवन का सार क्या है?

(क) प्रेम से रहना

(ख) भाईचारे को बढ़ावा देना

(ग) परमार्थ करना

(घ) प्यार और हर किसी के साथ बिना भेदभाव के प्यार से व्यवहार करना

677. एक आदर्श व्यक्ति बनने के लिए कलाम साहब का मानना है कि इनसे जुड़ें—

(क) अच्छी किताबों, अच्छे शिक्षक, अच्छे इनसान और अच्छे दोस्तों से

(ख) बड़े लोगों और बड़ी बातों से

(ग) बड़े शिक्षा संस्थानों से

(घ) बड़े वैज्ञानिकों से

678. डॉ. कलाम कहते हैं, सफल जीवन के लिए जिन सिद्धांतों का होना आवश्यक है, वे हैं—

(क) समय के महत्त्व को समझना

(ख) संबद्ध ज्ञान की प्राप्ति, रचनात्मकता का विकास और अपने सपनों को साकार करने का साहस

(ग) अनुशासन को जीवन का आधार बनाना

(घ) मन का केंद्रीयकरण

679. डॉ. कलाम साहब मानते हैं कि व्यक्ति को अपने सपने पूरे करने के लिए—

(क) जो लोग कहें, वहीं करना चाहिए

(ख) वही करना चाहिए, जो वह स्वयं करना चाहता है

(ग) सबकी हाँ में हाँ मिलानी चाहिए

(घ) कोई भी काम कर लेना चाहिए

680. एक वैज्ञानिक और राष्ट्रपति के रूप में डॉ. कलाम ने अपने जीवन में तीन

उत्तर के लिए कृपया पृष्ठ सं. 176 देखें।

महत्त्वपूर्ण बातें सीखी हैं—

(क) चिंतन, मनन और अध्ययन

(ख) अध्यात्म, योग और प्रयोग

(ग) संवाद, व्याख्यान और उपदेश

(घ) ज्ञान, परिश्रम और प्रयास

681. डॉ. कलाम के अनुसार युवा पीढ़ी के लिए गुनाह है—

(क) छोटे-छोटे काम करना

(ख) गरीब रह जाना

(ग) छोटे-मोटे लक्ष्यों में स्वयं को सीमित कर लेना

(घ) बड़े लक्ष्य तय करना

682. भारतीय युवाओं को समर्थ और शक्तिशाली बनाने के लिए कलाम साहब जिस माध्यम का सहारा लेना उचित समझते हैं, वह है—

(क) विज्ञान की तरक्की

(ख) शिक्षा और मूल्य व्यवस्था

(ग) नैतिक विकास

(घ) उदार अर्थव्यवस्था

683. भारत को विकसित राष्ट्र बनाने के लिए डॉ. कलाम बच्चों और युवाओं पर ध्यान देने की बात कहते हैं, क्योंकि

(क) बच्चे हमेशा नया सोचते हैं और उनमें रचनात्मकता होती है

(ख) बच्चे जल्दी-जल्दी नई चीजें सीखते हैं

(ग) बच्चों को किसी भी साँचे में ढाला जा सकता है

(घ) बच्चों और युवाओं को नई बातें सीखना अच्छा लगता है

684. डॉ. कलाम के अनुसार समाज का नेता बनने के लिए जिन गुणों के विकास करने की जरूरत है, वे क्या हैं?

(क) भीड़ को आकर्षित करने की क्षमता

(ख) लक्ष्य पाने का साहस, निर्णय लेने का साहस और निष्ठा के साथ काम करने का साहस

(ग) अच्छा भाषण देने की योग्यता

(घ) समाज के सभी वर्गों द्वारा मान्य

उत्तर के लिए कृपया पृष्ठ सं. 176 देखें।

685. डॉ. कलाम मानते हैं कि शांति और सौहार्द के साथ पूरे समाज की प्रगति का उपाय है—

(क) येन-केन-प्रकारेण सफलता पाना

(ख) गली-मोहल्लों में शांति-पाठ कराना

(ग) जुलूस निकालकर शांति का संदेश देना

(घ) निष्ठा के साथ प्रगति करते हुए सफलता प्राप्त करना

686. डॉ. कलाम साहब के अनुसार वे लोग ही सबसे अधिक सफलता पाते हैं, जो—

(क) दूसरों की रुचि के अनुसार कार्य का चुनाव करते हैं

(ख) दूसरों की राय की परवाह किए बिना अपनी रुचि का विषय तथा कार्य अपने लिए चुनते हैं

(ग) कोई भी काम कर लेते हैं

(घ) कई काम एक साथ करते हैं

687. अब्दुल कलाम के अनुसार खुशी पाने के लिए

(क) काम में संतुष्टि, संबंधों में संतुष्टि, योगदान में संतुष्टि और समाज से हमें जो मिला, उससे ज्यादा उसे वापस देने की संतुष्टि का होना जरूरी है

(ख) अच्छी नौकरी जरूरी है

(ग) उच्च शिक्षा जरूरी है

(घ) प्रतिष्ठित लोगों से संबंध होने जरूरी हैं

688. युवाओं में देशभक्ति तथा सेवा-भावना उत्पन्न करने के लिए अब्दुल कलाम कहते हैं—

(क) अपने देश की सेना में भरती होकर देश के लिए लड़ें

(ख) गरीबों को देशभक्त बनाएँ

(ग) अमीरों की मुखालफत करें

(घ) अपने देश से प्यार करें और अपनी सांस्कृतिक परंपरा को भी आगे बढ़ाने का प्रयत्न करें

689. डॉ. कलाम के अनुसार भारत की मूल शक्ति है—

(क) देश के 54 करोड़ युवा (ख) राजनेतागण

(ग) देश के नन्हे-नन्हे बच्चे (घ) देश की सभी महिलाएँ

उत्तर के लिए कृपया पृष्ठ सं. 176 देखें।

690. देश के युवाओं का उद्देश्य कलाम साहब के मुताबिक होना चाहिए कि वे—
(क) अपने साथ देश की भी तरक्की करें
(ख) विदेशों में नौकरी करके देश में धन निवेश करें
(ग) अच्छे वैज्ञानिक बनकर अच्छे आविष्कार करें
(घ) रोजगार और नौकरियाँ पैदा करनेवाले बनें, न कि माँगनेवाले

691. डॉ. कलाम के अनुसार ईश्वर है—
(क) वह शक्ति, जो आकाशगंगाओं और सितारों की गतिशीलता में तालमेल रखती है
(ख) वह शक्ति, जो परम शक्तिशाली है
(ग) ब्रह्मांड के निर्माण और विध्वंस की शक्ति
(घ) चाँद-सितारों को प्रकाशित करनेवाली शक्ति

692. डॉ. कलाम के अनुसार रचनात्मकता का आधार क्या है?
(क) प्रयोगधर्मिता (ख) नए-नए आविष्कार
(ग) जानने की इच्छा (घ) उच्च शिक्षा

693. डॉ. कलाम कहते हैं कि वैज्ञानिक प्रवृत्ति का निर्माण होता है—
(क) सीखने की आदत से
(ख) गहन अध्ययन से
(ग) प्रश्न पूछने से
(घ) प्रश्नकर्ता के मस्तिष्क और जानने की इच्छा के मेल से

694. डॉ. कलाम कहते हैं कि भविष्य में प्रौद्योगिकी के अंतर को कम करने में मदद मिलेगी—
(क) मौलिक और प्रायोगिक विज्ञान में शिक्षा को सर्वोच्च प्राथमिकता देने से
(ख) शिक्षा में प्रयोगों को बढ़ावा देकर
(ग) उच्च विदेशी शिक्षा प्राप्त करके
(घ) प्रौद्योगिकी का आयात करके

695. डॉ. कलाम कहते हैं कि औसत कृषि उपज में तीन से चार गुना बढ़ोतरी होगी—
(क) अच्छी खाद और उर्वरकों के प्रयोग से
(ख) बीजों की उच्च उत्पादकता देनेवाले किस्मों के विकास पर ध्यान देकर
(ग) सिंचाई के संसाधनों का विकास करके
(घ) खेती योग्य भूमि का विकास करके

उत्तर के लिए कृपया पृष्ठ सं. 176 देखें।

696. डॉ. कलाम भारत को प्रौद्योगिकी के क्षेत्र में अग्रणी बनानेवाली तकनीक किसको मानते हैं?
(क) कोयला उत्पाद को (ख) पवन विद्युत् उत्पाद को
(ग) सौर ऊर्जा उत्पाद को (घ) जल विद्युत् उत्पाद को

697. डॉ. कलाम मानते हैं कि भारत में सकारात्मक वैज्ञानिक क्रांति लाने का सर्वोत्तम उपाय है—
(क) विज्ञान का लाभ जन-जन तक पहुँचे
(ख) विज्ञान की पढ़ाई को बढ़ावा दिया जाए
(ग) वैज्ञानिकों को विशेष सुविधाएँ दी जाएँ
(घ) विज्ञान और तकनीकी के लाभ सामान्य जन, विशेषत: ग्रामीणों तक पहुँचें

698. ग्रामीणों तक विज्ञान और तकनीकी का लाभ पहुँचानेवाली योजना का क्या नाम है?
(क) पुरा (प्रोविजन ऑफ अर्बन एमेनिटीज टू रूरल इंडिया)
(ख) इसरो (इंडियन स्पेस रिसर्च ऑर्गेनाइजेशन)
(ग) मनरेगा (महात्मा गांधी नेशनल रूरल एंप्लॉयमेंट गारंटी ऐक्ट)
(घ) आई.ए.वाई. (इंदिरा आवास योजना)

699. डॉ. कलाम कहते हैं, ईश्वर और विज्ञान दोनों मिलकर हमें ले जाते हैं—
(क) उन्नति की ओर
(ख) सत्य और जीवन के यथार्थ की ओर
(ग) अध्यात्म की ओर
(घ) परमार्थ की ओर

700. डॉ. कलाम कहते हैं कि ईश्वर की आवश्यकता—
(क) प्रेम के लिए जरूरी है
(ख) मानसिक विकास के लिए जरूरी है
(ग) अध्यात्म के लिए जरूरी है
(घ) सांप्रदायिक सद्भाव के लिए जरूरी है

701. डॉ. कलाम का मानना है कि मनुष्य के लिए विज्ञान—
(क) उसकी मानसिक उन्नति के लिए जरूरी है
(ख) उसकी आर्थिक उन्नति के लिए जरूरी है
(ग) उसकी सांस्कृतिक उन्नति के लिए जरूरी है
(घ) उसकी भौतिक उन्नति के लिए जरूरी है

उत्तर के लिए कृपया पृष्ठ सं. 176-177 देखें।

702. डॉ. कलाम कहते हैं कि मनुष्य के सफल जीवन के लिए आवश्यक है—
(क) विज्ञान और ईश्वर दोनों पर विश्वास करना
(ख) विज्ञान पर विश्वास करना
(ग) ईश्वर पर विश्वास करना
(घ) प्रौद्योगिकी पर विश्वास करना

703. डॉ. कलाम कहते हैं कि मंगल ग्रह को मनुष्य के रहने योग्य बनाने के लिए—
(क) वहाँ बस्ती बसानी होगी
(ख) वहाँ जल मुहैया कराना होगा
(ग) टेरा फार्मिंग की जरूरत होगी
(घ) वहाँ ऑक्सीजन मुहैया करानी होगी

704. डॉ. कलाम कहते हैं कि प्रार्थना और विज्ञान के विकास के बीच—
(क) घनिष्ठ संबंध है (ख) कोई संबंध नहीं है
(ग) भाई-बहन जैसा संबंध है (घ) पूरक संबंध है

705. डॉ. कलाम के अनुसार हमारे चारों ओर जो भी जीवन और प्रकृति है, उसे अपनी बुद्धि से जानने का प्रयत्न
(क) अध्यात्म है (ख) ईश्वर है
(ग) पर्यावरण है (घ) विज्ञान है

706. डॉ. कलाम कहते हैं कि विज्ञान के प्रयोग की वह प्रक्रिया, जिसके द्वारा उन प्रश्नों का उत्तर प्राप्त किया जाए—
(क) तकनीकी कहलाती है (ख) शारीरिक कहलाती है
(ग) मानसिक कहलाती है (घ) इलेक्ट्रॉनिक कहलाती है

707. डॉ. कलाम कहते हैं कि प्राइमरी शिक्षा का उद्देश्य होना चाहिए—
(क) बच्चों की स्मरण-शक्ति का विकास
(ख) बच्चों का मानसिक विकास
(ग) बच्चों का शारीरिक विकास
(घ) बच्चों की रचना-शक्ति का विकास

708. त्रिची के सेंट जोसेफ कॉलेज में डॉ. कलाम की नैतिक शिक्षा की क्लास लेनेवाले सर्वोच्च जेसुइट पादरी का नाम था—
(क) सोलोमन (ख) स्पांडर फादर
(ग) रेवरेंड फादर रेक्टर (घ) एम. भगवंतम

उत्तर के लिए कृपया पृष्ठ सं. 177 देखें।

709. डॉ. कलाम कहते हैं कि जो सदाचारी है, वह समय को व्यर्थ नहीं गुजरने देता; पढ़ाई में अच्छा प्रदर्शन करता है; समाज, स्कूल और परिवार का एक अच्छा सदस्य है; वह मेरी नजर में—

(क) आदर्श विद्यार्थी है (ख) सफल विद्यार्थी है

(ग) होनहार विद्यार्थी है (घ) अनुशासित है

710. डॉ. कलाम कहते हैं कि देश को नेतृत्व देने के लिए सही व्यक्ति का चुनाव—

(क) राजनेताओं का दायित्व है (ख) सरकार का दायित्व है

(ग) जनता का दायित्व है (घ) मतदाताओं का दायित्व है

711. डॉ. कलाम कहते हैं कि मनुष्य के भीतर अनुशासित मस्तिष्क, संयोगी मस्तिष्क, रचनात्मक मस्तिष्क, श्रद्धेय मस्तिष्क और नैतिक मस्तिष्क जैसे पाँच केंद्रों पर केंद्रित होनी चाहिए—

(क) हमारी शासन-व्यवस्था (ख) हमारी लोकतांत्रिक प्रणाली

(ग) हमारी शिक्षा-व्यवस्था (घ) हमारी समाज-व्यवस्था

712. डॉ. कलाम कहते हैं कि प्रार्थना और विज्ञान के विकास के बीच—

(क) घनिष्ठ संबंध है (ख) कोई संबंध नहीं है

(ग) दूरी है (घ) नजदीकी है

713. डॉ. कलाम के अनुसार हमारे चारों ओर जो भी जीवन और प्रकृति है, उसे अपनी बुद्धि से जानने का प्रयत्न—

(क) भौगोलिक ज्ञान है (ख) पर्यावरण है

(ग) सामान्य ज्ञान है (घ) विज्ञान है

714. 3 अगस्त, 1985 को मिसाइल टेक्नोलॉजी रिसर्च सेंटर इमारत की नींव किसने रखी थी?

(क) तत्कालीन प्रधानमंत्री राजीव गांधी ने

(ख) डॉ. अब्दुल कलाम ने

(ग) प्रो. कुरियन ने

(घ) डॉ. मेघनाथ साहा ने

715. "कपड़ों के बारे में तुम्हें चिंता करने की जरूरत नहीं है। तुम तो अपनी सफलता से सजे हो।" यह बात डॉ. कलाम से किसने कही थी?

(क) डॉ. सी.वी. रमन ने (ख) के.एस. कृष्णन ने

(ग) प्रो. सतीश धवन ने (घ) रॉबर्ट कॉयल ने

उत्तर के लिए कृपया पृष्ठ सं. 177 देखें।

716. एस.एल.वी.–3 के सफलतापूर्वक प्रक्षेपण के बाद किसने उत्साहपूर्वक ऐलान किया कि 'अब हम अंतरिक्ष में खोज की पूरी योग्यता से युक्त हो गए हैं'?
(क) डॉ. एच.एन. संठना ने
(ख) डॉ. मेघनाथ साहा ने
(ग) जे.वी. नार्लीकर ने
(घ) प्रो. सतीश धवन ने

717. एस.एल.वी.–3 में लगाए जानेवाले ट्रांसपोंडर को त्रिवेंद्रम से श्रीहरिकोटा लाए जाने पर होनेवाली विमान दुर्घटना में वह व्यक्ति कौन था, जो ट्रांसपोंडर को अपने सीने से लगाए सबसे बाद में बाहर निकला?
(क) वी.के. कृष्णमेनन (ख) प्रो. श्रीनिवासन
(ग) श्री शिवकामीनाथन (घ) डॉ. एम. भगवतम

718. 'वेल्डर ऑफ पीपुल' यह नाम मीडिया ने किसे दिया था?
(क) प्रो. राव को (ख) प्रो. श्रीनिवासन को
(ग) प्रो. ओदा को (घ) डॉ. कलाम को

719. रात को सोने से पहले डॉ. कलाम क्या करते हैं?
(क) एक गिलास गरम पानी में शहद मिलाकर पीते हैं
(ख) एक गिलास दूध पीते हैं
(ग) योग–साधना करते हैं
(घ) एक भजन सुनते हैं

720. रात को सोते समय डॉ. कलाम रेडियो पर क्या सुनते हैं?
(क) खबरें तथा शास्त्रीय संगीत (ख) बॉलीवुड संगीत
(ग) गजलें (घ) विज्ञान से जुड़ी हलचल

721. डॉ. कलाम को कौन सा भोजन पसंद है?
(क) उत्तर भारतीय भोजन (ख) गुजराती भोजन
(ग) पंजाबी भोजन (घ) दक्षिण भारतीय भोजन

722. उनसे मिलने की इच्छा रखनेवालों के साथ डॉ. कलाम कैसे पेश आते हैं?
(क) गंभीरता के साथ (ख) अहंकार के साथ
(ग) बहुत सम्मान के साथ (घ) गर्मजोशी के साथ

723. डॉ. कलाम अपना आदर्श किसे मानते हैं?
(क) डॉ. विक्रम साराभाई को (ख) प्रो. सतीश धवन को
(ग) होमी जहाँगीर भाभा को (घ) अल्बर्ट आइंस्टीन को

उत्तर के लिए कृपया पृष्ठ सं. 177 देखें।

724. डॉ. कलाम के दिल में कोई ऐसा घाव, जो भरा नहीं—
(क) अविवाहित रहने की पीड़ा
(ख) दूसरी बार राष्ट्रपति बनने की इच्छा
(ग) 'भारत रत्न' मिलते समय माता-पिता व गुरु विक्रम साराभाई नहीं रहे
(घ) बहन का असमय निधन

725. वे कौन थे, जो डॉ. कलाम को उनके पूरे नाम से पुकारते थे?
(क) विक्रम साराभाई (ख) टी.एन. शेषन
(ग) पी.वी. नरसिम्हा राव (घ) अटल बिहारी वाजपेयी

726. डॉ. कलाम ने विप्रो के प्रमुख अजीम प्रेमजी से पहली मुलाकात में क्या पूछा था?
(क) आपका आउट टर्न कितना है
(ख) आपकी सेहत का राज क्या है
(ग) आपका देश की उन्नति में क्या योगदान है
(घ) आपका संगठन भारतीय उद्योग क्षेत्र में सबसे आगे है, इसके पीछे क्या रहस्य है?

727. अजीम प्रेमजी ने इसका क्या जवाब दिया था?
(क) कठिन परिश्रम, उपभोक्ता संतुष्टि और थोड़ी सी किस्मत
(ख) मेहनत, मेहनत और मेहनत
(ग) किस्मत, किस्मत और किस्मत
(घ) पैसा, पैसा और पैसा

728. ईश्वर यदि डॉ. कलाम को वरदान माँगने के लिए कहेंगे तो वे क्या माँगेंगे?
(क) लंबी उम्र का वरदान
(ख) स्वस्थ जीवन का वरदान
(ग) दूसरी बार राष्ट्रपति बनने का वरदान
(घ) मेरे देश को विकसित राष्ट्र बना दो

729. हृदय रोगियों के लिए डॉ. कलाम ने कौन सा उपकरण विकसित किया?
(क) ए.पी.जे. पेसमेकर
(ख) कलाम-राजू कोरोनरी स्टेंट
(ग) अब्दुल पेसमेकर
(घ) उपर्युक्त सभी

उत्तर के लिए कृपया पृष्ठ सं. 177 देखें।

730. व्यास की धारा बदलने का मनाली में क्या प्रभाव हुआ?

(क) व्यास नदी स्नो एंड एवलैंच नामक डी.आर.डी.ओ. की प्रयोगशाला से होकर बहने लगी

(ख) भयानक बाढ़ से शहर बह गया

(ग) व्यास का पानी भर गया

(घ) शहर दो भागों में बँट गया

731. मनाली में पीड़ितों को राहत प्रदान करने के लिए डॉ. कलाम ने क्या प्रयास किया?

(क) वे मनाली में जगह-जगह घूमे

(ख) इस मामले को लेकर वे प्रधानमंत्री से मिले

(ग) राष्ट्रपति से मिले

(घ) जनता से मदद माँगी

732. डॉ. कलाम के अनुरोध पर प्रधानमंत्री ने क्या कदम उठाया?

(क) पीड़ितों से मिले

(ख) नदी पर बाँध बँधवाया

(ग) राष्ट्रीय रक्षा कोष के प्रबंध निकाय की विशेष बैठक बुलाई और 20 लाख रुपए मंजूर करवाए

(घ) नदी की धारा को वापस पूर्ववत् करा दिया

733. डॉ. कलाम अंतरिक्ष व एयरक्राफ्ट में इस्तेमाल किए जानेवाले कैसे पदार्थों के प्रयोग के मार्गदर्शक हैं?

(क) भारत में संयोजित पदार्थों के लिए

(ख) विदेशी पदार्थों के लिए

(ग) सस्ते पदार्थों के लिए

(घ) महँगे पदार्थों के लिए

734. इस दिशा में उन्होंने पहले प्लांट की स्थापना कहाँ की?

(क) मुंबई में

(ख) बेंगलुरु में

(ग) नई दिल्ली में

(घ) कार्बन-कार्बन फाइबर को इस्तेमाल करने के लिए त्रिवेंद्रम में पहला प्लांट स्थापित किया

उत्तर के लिए कृपया पृष्ठ सं. 177 देखें।

735. पोलियो प्रभावित बच्चों के लिए उन्होंने किस चीज की ईजाद की?
(क) संयोजित पदार्थों से बने एक फ्लोर रिएक्शन ऑर्थोसिस (एफ. आर.ओ.)
(ख) नकली पैर का
(ग) नकली हाथ का
(घ) पोलियो की दवा का

736. भारत में एफ.आर.ओ. का प्रयोग सबसे पहले किसने प्रारंभ किया?
(क) दिल्ली के एम्स ने
(ख) चंडीगढ़ के पी.जी.आई. ने
(ग) जयपुर के डॉ. पी.के. सेठी ने
(घ) शिमला के एक अस्पताल ने

737. इस एफ.आर.ओ. का वजन कितना होता है?
(क) केवल 50 ग्राम (ख) केवल 300 ग्राम
(ग) केवल 150 ग्राम (घ) केवल 250 ग्राम

738. सन् 1994 में डी.आर.डी.ओ. में विकसित संयोजित एफ.आर.ओ. का वितरण कहाँ किया गया?
(क) जोधपुर में
(ख) नई दिल्ली में
(ग) अहमदाबाद में
(घ) चाँदीपुर के नजदीकी शहर बालासोर में

739. बालासोर में एक बच्ची को एफ.आर.ओ. सेट नहीं होने पर डॉ. कलाम ने क्या किया?
(क) उसे ऑपरेशन के लिए तत्काल हैदराबाद के निजाम अस्पताल भिजवाया
(ख) दूसरा एफ.आर.ओ. दिया
(ग) उसे थोड़ा इंतजार करने को कहा
(घ) उसे कहा, उसके नाप का नहीं है

740. ऑपरेशन से संबंधित खर्च का भुगतान किसने किया?
(क) सरकार ने
(ख) डॉ. कलाम ने व्यक्तिगत रूप से
(ग) डी.आर.डी.ओ. ने
(घ) लड़की के परिवार ने

उत्तर के लिए कृपया पृष्ठ सं. 177-178 देखें।

741. श्री बी.एम. हेगड़े डॉ. कलाम के साथ किस विषय पर आयोजित परिचर्चा में मंच पर साथ बैठे थे?

(क) एफ.आर.ओ. पर आयोजित परिचर्चा में

(ख) वर्तमान राजनीति पर आयोजित परिचर्चा में

(ग) खगोल-विज्ञान पर आयोजित परिचर्चा में

(घ) विज्ञान के भविष्य पर आयोजित परिचर्चा में

742. इस परिचर्चा में श्री हेगड़े ने किस विषय पर भाषण दिया?

(क) खगोल विज्ञान का स्वरूप

(ख) चिकित्सकीय देखभाल बनाम स्वास्थ्य देखभाल

(ग) एफ.आर.ओ. के विकास की कहानी

(घ) हमारा मिसाइल कार्यक्रम

743. श्री हेगड़े ने घरों में क्या मूलभूत सुविधाएँ होने पर जोर दिया था?

(क) साफ पेयजल, अदूषित भोजन, स्वच्छ शौचालय

(ख) मूलभूत स्वास्थ्य सुविधाएँ

(ग) बाल विकास और शिक्षा

(घ) प्राथमिक शिक्षा व उच्च शिक्षा

744. श्री हेगड़े का भाषण सुनते समय डॉ. कलाम की आँखों में आँसू क्यों आ गए थे?

(क) भाषण बड़ा मार्मिक था

(ख) उसमें बच्चों की दुर्दशा का वर्णन था

(ग) वे रामेश्वरम में अपने गाँव के दृश्य में यही तसवीर साफ देख रहे थे

(घ) पूरा भारत उसी तरह की समस्या से ग्रस्त था

745. 21 अप्रैल, 2009 को दिल्ली के इंदिरा गांधी अंतरराष्ट्रीय हवाई अड्डे पर पूर्व राष्ट्रपति डॉ. कलाम को आम आदमी की तरह सिक्योरिटी चेक से गुजरना पड़ा। यह सिक्योरिटी चेक किस एयरलाइंस के लिए की गई थी?

(क) कॉण्टिनेंटल एयरलाइन (अमेरिका)

(ख) एयर अटलांटिक (यू.के.)

(ग) एयर फ्रांस (फ्रांस)

(घ) एयर बी.सी. (कनाडा)

उत्तर के लिए कृपया पृष्ठ सं. 178 देखें।

746. दिल्ली के एशियाड गाँव में प्रवास के दौरान डॉ. कलाम सुबह की सैर के लिए कहाँ जाते थे?
(क) डी.डी.ए. खेल परिसर में (ख) लोदी गार्डन में
(ग) बुद्ध जयंती पार्क में (घ) चिल्ड्रंस पार्क में

747. डॉ. कलाम के सुबह की सैरवाले समूह को किस नाम से जाना जाने लगा?
(क) कलाम जॉगिंग ग्रुप
(ख) कलाम वॉकिंग ग्रुप
(ग) वॉक विद कलाम
(घ) वॉकिंग कलाम ग्रुप

748. डॉ. कलाम के सुझाव पर इस ग्रुप का नाम बदलकर क्या रखा गया?
(क) पिंक हेवन ग्रुप (ख) ब्लू हेवन ग्रुप
(ग) येलो हेवन ग्रुप (घ) व्हाइट हेवन ग्रुप

749. 'येलो हेवन ग्रुप' नामकरण का क्या कारण था?
(क) सभी पीले कपड़े पहनकर घूमने जाते थे
(ख) सभी पीले रूमाल लहराते हुए चलते थे
(ग) सभी लोग पीली टोपियाँ लगाते थे
(घ) कलाम का समूह पार्क में एक विशिष्ट स्थान पर जाया करता था, जहाँ पेड़ पीले फूलों से लदे होते थे

750. डॉ. कलाम एशियाड गाँव के आवास में अपनी खिड़की से क्या देखना पसंद करते थे?
(क) आकाश में उड़ते हुए तोतों को
(ख) नीचे रेंगती गाड़ियों को
(ग) उड़ते हवाई जहाजों को
(घ) स्कूली बच्चों को

751. सन् 1993 में हैदराबाद में रिसर्च सेंटर कॉम्प्लेक्स को विकसित करते समय खुदाई के दौरान दुर्गा का प्राचीन मंदिर निकलने पर डॉ. कलाम ने क्या आदेश दिया?
(क) उसे ध्वस्त करने का आदेश दिया
(ख) उसे वहाँ से स्थानांतरित करा दिया
(ग) वहीं-की-वहीं खुदाई रुकवा दी
(घ) मंदिर का पुनरुद्धार कर नियमित पूजा-पाठ की व्यवस्था की

उत्तर के लिए कृपया पृष्ठ सं. 178 देखें।

752. डॉ. कलाम बातचीत के दौरान किस तरह के उद्धरण देने से नहीं थकते हैं?

(क) अवसर के अनुसार उपयुक्त दोहों का

(ख) उपयुक्त शेरो-शायरी का

(ग) उपयुक्त परी-कथाओं का

(घ) अपनी उपलब्धियों का

753. डॉ. कलाम के अनुसार कोई भी व्यक्ति, जो टीम का नेतृत्व करने की जिम्मेदारी सँभालता है, सिर्फ तभी सफल हो सकता है, जब—

(क) सब लोग उसकी हाँ में हाँ मिलाएँ

(ख) उसे मन चाहे काम करने की छूट मिले

(ग) उस पर किसी प्रकार की बंदिश न हो

(घ) उसे पर्याप्त स्वतंत्रता मिले और प्रभावी अधिकार दिए जाएँ

□

उत्तर के लिए कृपया पृष्ठ सं. 178 देखें।

लेखक कलाम

754. डॉ. कलाम के तमिल में पहले लेख का शीर्षक क्या था?
    (क) लेट अस मेक अवर ऑन रॉकेट
    (ख) अग्नि की उड़ान
    (ग) लेट अस मेक अवर ऑन एयरक्राफ्ट
    (घ) शिल्पादिगारम्

755. इस लेख के कारण उन्हें किससे पुरस्कार मिला?
    (क) मिल साप्ताहिक 'आनंद विकटन' के संपादक देवन की ओर से
    (ख) 'द हिंदू' के संपादक से
    (ग) भारत के राष्ट्रपति से
    (घ) एम.आई.टी., चेन्नई से

756. डॉ. अब्दुल कलाम की प्रिय पुस्तक कौन सी है?
    (क) रामचरितमानस
    (ख) श्रीमद्भगवद्गीता
    (ग) लाइट फ्रॉम मैनी लैंप्स (लेखक—लिलियन आइश्लर वाटसन)
    (घ) सत्य की खोज

757. डॉ. कलाम से उनके संस्मरण देने का अनुरोध किसने किया था, ताकि वे उन्हें लिखकर सुरक्षित रख सकें?
    (क) अरुण तिवारी ने
    (ख) जय चंद्र बाबू ने
    (ग) एस.एन. बोस ने
    (घ) जॉर्ज सुदर्शन ने

उत्तर के लिए कृपया पृष्ठ सं. 178 देखें।

758. डॉ. कलाम की 'विंग्स ऑफ फायर' पुस्तक को चीनी भाषा में किसने अनूदित किया?
(क) ताइपेई ने
(ख) बान की मून ने
(ग) जियाओ पिंग ने
(घ) जी. पिंग ने

759. 23 मई, 2005 को आधी रात को बिहार विधानसभा भंग किए जाने को उच्चतम न्यायालय द्वारा असंवैधानिक ठहराए जाने के बाद उन्होंने अपना इस्तीफा लिख दिया था—इस बात का रहस्योद्घाटन डॉ. कलाम ने अपनी किस पुस्तक में किया?
(क) टर्निंग पॉइंट ए जर्नी थ्रू चैलेंजेज
(ख) अग्नि की उड़ान
(ग) इग्नाइटेड माइंड्स
(घ) ल्युमिनस स्पाकर्स

760. डॉ. कलाम की 'टर्निंग पॉइंट' नामक पुस्तक क्यों महत्त्वपूर्ण है ?
(क) इसमें राजनीतिज्ञों, प्रशासकों, वैज्ञानिकों आदि की ईमानदार भूमिका की जरूरत को रेखांकित किया है
(ख) संघर्ष, मेहनत और लगन से कोई व्यक्ति कितनी ऊँचाई तक स्वयं को और राष्ट्र को ले जा सकता है, इसकी मिसाल से भरपूर है यह पुस्तक
(ग) यह पुस्तक डॉ. कलाम के बहुआयामी व्यक्तितव के दर्शन करती है
(घ) उपर्युक्त सभी कारण अहम हैं

761. रवींद्रनाथ टैगोर की प्रशंसा डॉ. कलाम किस प्रकार से करते हैं?
(क) नोबेल पानेवाले वे पहले एशियाई थे
(ख) वे पहले गैर-यूरोपीय थे, जिन्हें साहित्य का नोबेल दिया गया
(ग) वे लेखकों के सरताज थे
(घ) वे साहित्यकार के साथ सेनानी भी थे

762. डॉ. कलाम की पुस्तक 'अग्नि की उड़ान' के सह-लेखक कौन हैं?
(क) अरुण जैमिनी
(ख) उषा जनमेजय
(ग) महेश शर्मा
(घ) अरुण तिवारी

उत्तर के लिए कृपया पृष्ठ सं. 178 देखें।

763. डॉ. कलाम ने अपने सहलेखक से कहाँ वार्त्तालाप करते हुए यह पुस्तक तैयार की?

(क) राष्ट्रपति भवन में हुई मुलाकातों एवं यात्राओं के दौरान
(ख) हवाई यात्राओं के दौरान
(ग) रात के एकांत में वार्त्ता के दौरान
(घ) नौकरी के दौरान फुरसत में

764. राष्ट्रपति भवन में उनकी मुलाकातें कहाँ होती थीं?

(क) भोजन कक्ष में (ख) शयनकक्ष में
(ग) मुगल गार्डन स्थित अमरकुटी में (घ) वाचनालय में

765. अरुण तिवारी ने इस वार्त्ता को कैसे प्रस्तुत किया?

(क) ऑडियो के रूप में
(ख) वीडियो के रूप में
(ग) वर्णनात्मक शैली के रूप में
(घ) उन्होंने वार्त्तालापों की चिंतन प्रक्रिया का विस्तार करके उसे व्यवस्थित संवाद के रूप में प्रस्तुत किया

766. 'अग्नि की उड़ान' का चीनी भाषा में अनुवाद किसने किया है?

(क) अरुण तिवारी (ख) ज्याओ मिंग
(ग) जी पिंग (घ) किन फूँ

767. सौरमंडल को 1,000 गज की दूरी कहें तो उसकी तुलना में पृथ्वी कितनी बड़ी है?

(क) एक मटर के दाने जैसी (ख) एक संतरे जैसी
(ग) एक राई के दाने जैसी (घ) एक तरबूज जैसी

768. 'मनुस्मृति' में किस चीज पर प्रकाश डाला गया है?

(क) धार्मिक सहिष्णुता पर
(ख) मनुष्य की बुद्धि एवं इंद्रिय शक्ति की प्रबलता पर
(ग) धर्म-कर्म एवं मर्यादा पर
(घ) समाज एवं जाति-प्रथा पर

769. डॉ. कलाम के अनुरोध पर रामनाथन ने वित्त से संबंधित कौन सी पुस्तक लिखी?

(क) इकोनॉमिक्स (ख) वर्ल्ड ऑफ इकोनॉमिक्स
(ग) करंट फाइनेंस (घ) कॉण्ट्रेक्ट मैनेजमेंट

उत्तर के लिए कृपया पृष्ठ सं. 178 देखें।

770. इस पुस्तक का लोकार्पण किसने किया?
(क) डॉ. कलाम ने बेंगलुरु में (ख) डॉ. कलाम ने नई दिल्ली में
(ग) प्रधानमंत्री ने (घ) वित्तमंत्री ने

771. आर. रामनाथन ने डॉ. कलाम के मानवीय पहलू का उदाहरण देते हुए सबसे पहले किस बात की चर्चा की है?
(क) कलाम की उदारता की
(ख) कलाम की वैज्ञानिक उपलब्धियों की
(ग) सन् 1955 में मनाली में व्यास नदी की धारा बदलने से हुई तबाही के बाद राहत प्रदान करने की
(घ) डॉ. कलाम के राष्ट्रपतित्व काल की

772. पुस्तकों की रॉयल्टी से हासिल आय का डॉ. कलाम क्या करते थे?
(क) किताबें खरीदते थे
(ख) विदेश यात्रा करते थे
(ग) बैंक में जमा करते थे
(घ) अधिकांश हिस्सा योग्य स्वयंसेवी संस्थाओं को दान देते थे

773. किसी ऐसी संस्था का नाम बताएँ?
(क) विवेकानंद ट्रस्ट
(ख) मदर टेरेसा द्वारा स्थापित सिस्टर्स ऑफ चैरिटी
(ग) महात्मा गांधी शोध संस्थान
(घ) स्ट्रीट चिल्ड्रन फाउंडेशन

774. 'दि एलकेमिस्ट' पुस्तक किस प्रकार की है?
(क) परी कथा है
(ख) जादूगरों की कथा है
(ग) वैज्ञानिकों की कथा है
(घ) वह एक स्पेनिश गड़रिये की कहानी है, जो अपनी स्थिति से ऊँचे सपने देखता है

775. प्रो. ए. कलानिधि द्वारा लिखित किस पुस्तक के विमोचन के लिए डॉ. कलाम ने उपराष्ट्रपति को आमंत्रित था?
(क) स्पेस इंजीनियरिंग
(ख) इंजीनियरिंग ऐंड साइंस ऑफ योग
(ग) करंट मिसाइल इंजीनियरिंग
(घ) इंजीनियरिंग इनोवेशंस इन प्राणायाम

उत्तर के लिए कृपया पृष्ठ सं. 178-179 उत्तर देखें।

776. डॉ. कलाम जब भारत सरकार के मुख्य वैज्ञानिक सलाहकार थे, उस समय उनके मित्रों ने उनकी कविताओं व विचारों के क्या किए जाने की अनुमति माँगी?

(क) प्रकाशित करने की अनुमति

(ख) जनता के बीच वितरित करने की अनुमति

(ग) जनता के बीच सुनाने की अनुमति

(घ) कविताओं व विचारों को वेब पर प्रकाशित किए जाने की

777. उनके मित्र किस नाम से वेबसाइट शुरू करना चाहते थे?

(क) www.abdulkalam.com

(ख) www.kalamabdul.com

(ग) www.kalam.com

(घ) www.indiakalam.com

778. डॉ. कलाम ने मित्रों को क्या कहते हुए इनकार किया?

(क) मेरी निजी संपत्ति है

(ख) मैं प्रचार नहीं चाहता

(ग) किसी एक व्यक्ति के लिए प्रचार की आवश्यकता नहीं

(घ) मेरी कविताएँ कच्ची हैं

779. डॉ. कलाम के मित्रों ने साइट बनाए जाने का क्या उद्‌देश्य बताया?

(क) प्रचार-प्रसार (ख) लोकप्रियता बढ़ाना

(ग) लिखने की प्रेरणा देना (घ) प्रेरणा तथा राष्ट्र-निर्माण

780. डॉ. कलाम के मित्रों ने यह साइट कब शुरू की?

(क) 15 अक्तूबर, 1999 को

(ख) 15 अक्तूबर, 2000 को उनके 69वें जन्मदिवस पर

(ग) 13 दिसंबर, 2001 को

(घ) 18 फरवरी, 2002 को

781. किस मासिक पत्रिका के जुलाई तथा अगस्त 2001 के अंक में बच्चों को दिए गए डॉ. कलाम के जवाब छपे थे?

(क) तमिल मासिक पत्रिका 'छुट्टी विकतन' में

(ख) चंपक में

(ग) नंदन में

(घ) बाल भारती में

उत्तर के लिए कृपया पृष्ठ सं. 179 देखें।

782. वर्ष 2002 में डॉ. कलाम ने 'विजन 2020' पुस्तक के किस रूपांतरण का विमोचन किया?

(क) तमिल रूपांतरण का (ख) गुजराती रूपांतरण का
(ग) हिंदी रूपांतरण का (घ) मराठी रूपांतरण का

783. 23 मार्च, 2002 को डॉ. कलाम ने कौन सी कविता लिखी?

(क) माई नेशनल प्रेयर (मेरी राष्ट्रीय प्रार्थना)
(ख) सॉन्ग ऑफ यूथ (युवाओं का गान)
(ग) बटरफ्लाई (तितली)
(घ) ऐम ऑफ लाइफ

784. डॉ. कलाम की अंग्रेजी में प्रकाशित उनकी अपनी कविताओं के संग्रह का नाम क्या है?

(क) विंग्स ऑफ फायर (ख) माई जर्नी
(ग) माई जर्नी टू लाइफ (घ) माई पॉयम कलेक्शन

785. यह कविता संग्रह 'माई जर्नी' मूल रूप से किस भाषा में लिखा गया था?

(क) अंग्रेजी में (ख) हिंदी में
(ग) तमिल में (घ) उर्दू में

□

उत्तर के लिए कृपया पृष्ठ सं. 179 देखें।

कलाम ने कहा

786. डॉ. अब्दुल कलाम कहते हैं कि विज्ञान के प्रयोग की वह प्रक्रिया, जिसके द्वारा उन प्रश्नों का उत्तर प्राप्त किया जाए?

(क) आकलन कहलाता है (ख) संसाधन कहलाता है

(ग) तकनीकी कहलाती है (घ) सांख्यिकी कहलाती है

787. डॉ. कलाम ने अब तक तकरीबन कितने युवा छात्रों से संवाद किया है?

(क) दो लाख से ज्यादा (ख) दस लाख से ज्यादा

(ग) पाँच लाख से ज्यादा (घ) एक लाख से कम

788. डॉ. कलाम के मुताबिक व्यक्ति का विकास सबसे ज्यादा किस बात पर निर्भर करता है?

(क) उसकी शिक्षा पर

(ख) उसकी युवावस्था पर

(ग) बचपन में की गई पर्याप्त तैयारी पर

(घ) उसके व्यक्तित्व पर

789. डॉ. कलाम के मुताबिक शिक्षा का प्रमुख उद्देश्य क्या है?

(क) ज्ञान प्रदान करना

(ख) सफलता प्रदान करना

(ग) नौकरी प्रदान करना

(घ) अपना विकास करना

790. भारतीय परंपरा के अनुसार हमारा देश किस चीज पर आधारित माना गया है?

(क) विज्ञान पर आधारित (ख) समाज पर आधारित

(ग) ज्ञान पर आधारित (घ) जाति-प्रथा पर आधारित

उत्तर के लिए कृपया पृष्ठ सं. 179 देखें।

791. आधुनिक विश्व में धन–दौलत हासिल करने के लिए क्या यत्न करना चाहिए?
(क) वैज्ञानिक खोज (ख) आधुनिक उपकरण-निर्माण
(ग) कंप्यूटर का विकास (घ) नवीन खोज एवं नवाचार

792. कौन सी उभरती हुई टेक्नोलॉजी प्रत्येक व्यक्ति के लिए उपयोगी है?
(क) कंप्यूटर टेक्नोलॉजी (ख) नैनो टेक्नोलॉजी
(ग) सॉफ्टवेयर टेक्नोलॉजी (घ) माइक्रो टेक्नोलॉजी

793. डॉ. कलाम स्विट्जरलैंड की यात्रा पर कब गए थे?
(क) अक्तूबर 2004 में (ख) जनवरी 2004 में
(ग) सितंबर 2001 में (घ) फरवरी 2005 में

794. स्विट्जरलैंड में वे किस महान् वैज्ञानिक के घर को देखने के लिए भी गए थे?
(क) जेम्स चेडविक (ख) नील बोहर
(ग) अल्बर्ट आइंस्टीन (घ) माइकल फैराडे

795. डॉ. कलाम के अनुसार हम निडर होना कैसे सीखते हैं?
(क) बंदूक के बल पर (ख) आधुनिकता के बल पर
(ग) शिक्षा द्वारा (घ) खतरों का सामना करके

796. विश्व की पहली महिला विमान चालक कौन थी?
(क) एमिला इअरहर्ट (ख) एलिसा
(ग) एनी जॉनसन (घ) जूडी जेनिथ

797. पहली महिला विमान चालक ने साहस को कैसी कीमत के तौर पर माना है?
(क) जिंदगी की कीमत के तौर पर
(ख) जो जीवन में शांति बनाए रखने के लिए देनी पड़ती है
(ग) समय की कीमत के तौर पर
(घ) आधुनिकता की कीमत के तौर पर

798. अच्छी शिक्षा हमें क्या सिखाती है?
(क) अच्छे काम करो, अच्छे व्यक्ति बनो
(ख) जिस कार्य को हम पसंद करते हैं, उसमें साहस की जरूरत नहीं होती
(ग) समाज की उन्नति करो
(घ) देश को उन्नत बनाओ

799. सपनों के न होने का अर्थ क्या होता है?
(क) आशा टूटना (ख) उम्मीद हार जाना
(ग) आशा का न होना (घ) हताशा

उत्तर के लिए कृपया पृष्ठ सं. 179 देखें।

800. आशा के न होने का क्या अर्थ है?
(क) आपका जीवन व्यर्थ है
(ख) आपके पास जीवन का कोई उद्‌देश्य नहीं है
(ग) आप बेरोजगार हैं
(घ) आप नकारात्मक हैं

801. जीवन में सफल होने के बारे में डॉ. कलाम का क्या मानना है?
(क) सफलता अमीरों को मिलती है
(ख) सफलता बिरलों को ही मिलती है
(ग) सफलता मिलना कठिन है
(घ) हर व्यक्ति के जीवन में सफल होने की संभावना होती है

802. सफलता के अवसर के संबंध में डॉ. कलाम क्या कहते हैं?
(क) किसी-किसी को अवसर मिलता है
(ख) हर इनसान को अवसर मिलता है
(ग) अवसर छीनना पड़ता है
(घ) एक ही अवसर मिलता है

803. जीवनियाँ पढ़ने से हमें क्या लाभ मिलता है?
(क) सफल होने के नए-नए तरीके मिल जाते हैं
(ख) प्रेरणा मिलती है
(ग) उम्मीदें बँधती हैं
(घ) कोई लाभ नहीं होता

804. डॉ. कलाम के समय स्कूली पढ़ाई में परीक्षा कब ली जाती थी?
(क) महीने में एक बार (ख) छह महीने में एक बार
(ग) साल में एक बार (घ) पाठ पढ़ने के बाद

805. कार्यकारी जीवन में परीक्षा कब देनी पड़ती है?
(क) रोज-रोज (ख) पाठ सीखने से पहले
(ग) छह महीने में एक बार (घ) जीवन भर

806. सफल व्यक्तियों को देखकर कोई व्यक्ति कैसे तरीके सोच सकता है?
(क) जो रोजमर्रा के कार्य से हटकर होते हैं
(ख) समाज-सेवा के तरीके
(ग) वैज्ञानिक सोच के तरीके
(घ) अनुसंधान के नए-नए तरीके

उत्तर के लिए कृपया पृष्ठ सं. 179 देखें।

807. दुनिया में ऐसी कौन सी चीज है, जो बिना किसी उद्देश्य के अपना अस्तित्व बनाए हुए है?
(क) कँटीले पौधे (ख) पहाड़
(ग) कुछ भी नहीं (घ) बंजर मैदान

808. नई खोज का क्या अर्थ है?
(क) नया आविष्कार
(ख) काम करने और सोचने के तरीकों में बदलाव
(ग) नई दृष्टि
(घ) सोचने का वैज्ञानिक नजरिया

809. महात्मा गांधी किस हाई स्कूल में पढ़ते थे?
(क) राजकोट के एल्फ्रेड हाई स्कूल में
(ख) सर माइकेल हाई स्कूल में
(ग) अल्बर्ट हाई स्कूल में
(घ) अब्राहम विद्यालय में

810. एल्फ्रेड हाई स्कूल का नाम अब क्या है?
(क) कस्तूरबा हाई स्कूल (ख) महात्मा गांधी हाई स्कूल
(ग) डॉ. कलाम हाई स्कूल (घ) मोदी हाई स्कूल

811. डॉ. कलाम राष्ट्रपति रहते हुए राजकोट कब गए थे?
(क) अगस्त 2006 में (ख) जनवरी 2003 में
(ग) सितंबर 2003 में (घ) फरवरी 2004 में

812. महात्मा गांधी के स्कूल के रिपोर्ट कार्ड को डॉ. कलाम ने किस प्रकार का पाया था?
(क) असाधारण (ख) आश्चर्यजनक
(ग) बौद्धिक (घ) बिलकुल सामान्य

813. गांधीजी को आठवीं कक्षा में इतिहास में कितने अंक मिले थे?
(क) 100 में से 78 (ख) 100 में से 38
(ग) 100 में से 10 (घ) 100 में से 100

814. बच्चे की प्रतिभा के बारे में डॉ. कलाम क्या मानते हैं?
(क) नवीन विचार बड़े होकर पैदा होते हैं
(ख) नवीन विचार बचपन में ही जड़ें जमा लेते हैं
(ग) नवीन विचार किसी से लेने पड़ते हैं
(घ) नवीन विचार थोपने पड़ते हैं

उत्तर के लिए कृपया पृष्ठ सं. 179 देखें।

815. वर्ष 2006 में 'शिक्षक दिवस' पर शिक्षकों को डॉ. कलाम ने क्या सीख दी?
(क) उन्हें ट्यूशन न करने की सीख दी
(ख) उन्हें दस कर्तव्यों के निर्वहण की शपथ दिलाई
(ग) उन्हें बीस कर्तव्यों के निर्वहण की शपथ दिलाई
(घ) उन्हें बच्चों से अच्छे बरताव की सलाह दी

816. डॉ. कलाम के अनुसार जीवन की सभी कठिनाइयों का सामना करने के लिए शक्ति किस तरह विकसित करनी चाहिए?
(क) हर संभावित घटना के लिए तैयार रहकर
(ख) रोज कसरत करके
(ग) स्वयं को मानसिक रूप से तैयार करके
(घ) अध्यात्म से

817. डॉ. कलाम के अनुसार समय का अर्थ है—
(क) समय के साथ चलो
(ख) एक ऐसा संसाधन, जिस पर हमारा कोई नियंत्रण नहीं
(ग) समय पर सब काम करो
(घ) समय चलता रहता है और काम भी

818. जीवन में हतोत्साहित होने पर कलाम साहब के अनुसार—
(क) काम बंद कर देना चाहिए
(ख) काम को थोड़े समय बाद फिर से शुरू करना चाहिए
(ग) मन पर नियंत्रण कर विजय प्राप्त करनी चाहिए
(घ) काम को लोगों के बीच बाँट देना चाहिए

819. अब्दुल कलाम के अनुसार सपने देखना जरूरी है, क्योंकि
(क) इससे नींद अच्छी आती है
(ख) इससे दिमाग तरोताजा रहता है
(ग) इससे जीवन में एक लक्ष्य और उद्देश्य मिलता है
(घ) सपने तनाव दूर कर देते हैं

820. सपने देखकर योजना बनाना जरूरी है, क्योंकि
(क) इसके माध्यम से हम अपनी कोशिशों को अपने लक्ष्य एवं उद्देश्य की प्राप्ति के लिए उपयोग करते हैं
(ख) इससे योजना बनाने में आसानी रहती है
(ग) योजना फलीभूत होने की संभावना बढ़ जाती है
(घ) सपने रोज-रोज नहीं आते

उत्तर के लिए कृपया पृष्ठ सं. 180 देखें।

821. डॉ. कलाम साहब के अनुसार भाग्य क्या है?

(क) एक कल्पना की उड़ान (ख) हमारा पथ-प्रदर्शक

(ग) आशा की किरण (घ) वह, जो आज हम हैं

822. अब्दुल कलाम के अनुसार हमारे कर्म क्या तय करते हैं?

(क) हमारा वर्तमान

(ख) जो हम कल बनेंगे

(ग) हमारा अतीत

(घ) हमारी सफलता

823. अब्दुल कलाम के अनुसार कठिन श्रम ज्यादा जरूरी है, क्योंकि

(क) कठिन श्रम करने पर भाग्य भी हमारी सहायता करता है

(ख) कठिन श्रम से शरीर स्वस्थ रहता है

(ग) कठिन श्रम से ज्यादा कमाई होती है

(घ) कठिन श्रम से आयु बढ़ती है

824. वैज्ञानिक बनने के लिए कलाम साहब के अनुसार क्या जरूरी है?

(क) शिक्षा जरूरी है (ख) पैसा जरूरी है

(ग) उत्सुकता के साथ मेहनत (घ) किस्मत जरूरी है

825. डॉ. कलाम की सफलता का रहस्य उनके शब्दों में क्या है?

(क) सपने देखो, मेहनत करो और लगे रहो

(ख) किस्मत पर भरोसा रखो

(ग) माता-पिता का कहना मानो

(घ) दिन-रात किताबें पढ़ो

826. डॉ. अब्दुल कलाम के अनुसार उपलब्धि वह है—

(क) जो आपको मालामाल कर दे

(ख) जो आपको विख्यात कर दे

(ग) जो आपको सुख और पूर्णता की भावना दे

(घ) जो आपको मान-सम्मान प्रदान करे

827. डॉ. कलाम के अनुसार प्राइमरी शिक्षा का उद्देश्य क्या होना चाहिए?

(क) बच्चों की रचना-शक्ति की बढ़ोतरी

(ख) बच्चों की स्वास्थ्य बढ़ोतरी

(ग) बच्चों का सर्वांगीण विकास

(घ) बच्चों का मानसिक विकास

उत्तर के लिए कृपया पृष्ठ सं. 180 देखें।

828. त्रिची के सेंट जोसेफ कॉलेज में डॉ. कलाम की नैतिक शिक्षा की क्लास लेनेवाले मुख्य जेसुइट पादरी का नाम बताएँ।

(क) अन्नादुरै सोलोमन (ख) ए.वी. पनदलाई

(ग) रेवरेंड फादर रेक्टर (घ) फादर पीटर जॉनसन

829. जो सदाचारी है, समय को व्यर्थ नहीं गुजरने देता, पढ़ाई में अच्छा प्रदर्शन करता है; समाज, स्कूल और परिवार का एक अच्छा सदस्य है, वह डॉ. कलाम की नजर में कैसा व्यक्ति है?

(क) विद्वान् व्यक्ति (ख) सदाचारी

(ग) धार्मिक व्यक्ति (घ) आदर्श व्यक्ति

830. डॉ. कलाम कहते हैं—देश को नेतृत्व देने के लिए सही व्यक्ति का चुनाव—

(क) मतदाताओं का दायित्व है (ख) समाज का दायित्व है

(ग) नेताओं का दायित्व है (घ) पंचायतों का दायित्व है

831. डॉ. कलाम कहते हैं कि मनुष्य के भीतर अनुशासित मस्तिष्क, संयोगी मस्तिष्क, रचनात्मक मस्तिष्क, श्रद्धेय मस्तिष्क और नैतिक मस्तिष्क जैसे पाँच केंद्रों पर केंद्रित होनी चाहिए—

(क) हमारी समाज व्यवस्था (ख) हमारी शिक्षा व्यवस्था

(ग) हमारी राज्य व्यवस्था (घ) हमारी अर्थव्यवस्था

832. डॉ. कलाम के अनुसार अनुशासित मस्तिष्क, संयोगी मस्तिष्क और रचनात्मक मस्तिष्क का संबंध—

(क) मौलिक होता है (ख) सार्वजनिक होता है

(ग) व्यक्तिगत होता है (घ) सर्वजन हिताय होता है

833. डॉ. कलाम कहते हैं, शिक्षा का वास्तविक अर्थ है—

(क) एक जाग्रत् समाज की रचना (ख) एक खुशहाल देश की रचना

(ग) आत्म-विकास करना (घ) एक काम-चलाऊ समाज की रचना

834. कलाम कहते हैं, ज्ञान की प्राप्ति और अच्छे मूल्यों की प्राप्ति जब एक शिक्षण प्रक्रिया दे तो—

(क) कोई अच्छा शिक्षक बनता है

(ख) कोई अच्छा विद्यार्थी बनता है

(ग) कोई अच्छा नेता बनता है

(घ) कोई अच्छा समाज-सुधारक बनता है

उत्तर के लिए कृपया पृष्ठ सं. 180 देखें।

835. कलाम कहते हैं, स्कूल जाने के बाद परिणाम होना चाहिए—
(क) निजी उन्नति के साथ परिवार की उन्नति
(ख) निजी उन्नति के साथ जाति की उन्नति
(ग) निजी उन्नति के साथ अच्छी आमदनी
(घ) वहाँ से निकले युवा छात्र ज्ञान-आधारित समाज के अंग बनें और स्वयं अपने विकास के साथ राष्ट्रीय विकास में भी अपना योगदान दें

836. डॉ. कलाम कहते हैं कि मानव का व्यक्तित्व संपूर्ण, विनम्र और संसार के लिए उपयोगी बनता है—
(क) शिक्षा से (ख) धर्म से
(ग) राजनीति से (घ) नैतिकता से

837. डॉ. कलाम के अनुसार अल्प विकसित हृदय और मस्तिष्क के लोग—
(क) जाति को लेकर लड़ते हैं
(ख) धर्म को लेकर लड़ते हैं
(ग) सुविधाओं को लेकर लड़ते हैं
(घ) मंदिर-मसजिद को लेकर लड़ते हैं

838. डॉ. कलाम कहते हैं कि भारत को एक विकसित राष्ट्र के रूप में परिवर्तित करने के लिए सबसे महत्त्वपूर्ण है—
(क) नैतिकता का मूल्य (ख) ज्ञान और विवेक
(ग) सच्चरित्रता का मूल्य (घ) धर्म और मर्यादा

839. डॉ. कलाम के अनुसार भारत को विकसित राष्ट्रों की श्रेणी में खड़े होने के लिए—
(क) अर्थव्यवस्था मजबूत करनी चाहिए
(ख) सभी युवाओं को सच्चरित्र बनना चाहिए
(ग) एफ.डी.आई. को लाना चाहिए
(घ) विदेशी ऋण लेना चाहिए

840. डॉ. कलाम के अनुसार कलात्मक सौंदर्य का प्रतीक—
(क) ताजमहल है (ख) चार मीनार है
(ग) लाल किला है (घ) कुतुब मीनार है

841. डॉ. कलाम कहते हैं, लोगों को अपने विचारों को व्यक्त करने की पूरी स्वतंत्रता होती है, जो आधार है—
(क) जाति विकास के लिए (ख) आर्थिक विकास के लिए
(ग) प्रजातंत्र के संचालन के लिए (घ) सामाजिक विकास के लिए

उत्तर के लिए कृपया पृष्ठ सं. 180 देखें।

842. डॉ. कलाम के अनुसार आय की असमानता, जो भी संभव हो, उसे पा लेने का लोभ और दूसरों की समस्याओं को महत्त्व न देने की भावना से—

(क) सद्भाव घटता है (ख) भ्रष्टाचार बढ़ता है

(ग) भेदभाव बढ़ता है (घ) आर्थिक अंतर बढ़ता है

843. डॉ. कलाम कहते हैं, हमें निस्स्वार्थी बनाने के अलावा दूसरों के दुःख-दर्द दूर करने में मदद देते हैं हमारे—

(क) सांस्कृतिक मूल्य (ख) धार्मिक विचार

(ग) शैक्षिक विचार (घ) आर्थिक विचार

844. डॉ. कलाम कहते हैं, किसी भी समाज की असल ताकत उस समाज के—

(क) बुद्धिजीवियों का सामूहिक चिंतन होता है

(ख) अमीरों का सामूहिक चिंतन होता है

(ग) नेताओं का सामूहिक चिंतन होता है

(घ) कृषक वर्ग की कुल पैदावार से जुड़ी होती है

845. डॉ. कलाम मानते हैं कि समाज को दी गई किसी भी संगठित चुनौती से लड़ने का एक ही तरीका है—

(क) लोगों की एकता और उद्देश्य की एकता

(ख) आर्थिक ताकत

(ग) जाति समूहों को सांगठनिक ताकत

(घ) समाज को वर्गों में बाँट दिया जाए

846. डॉ. कलाम के अनुसार हमारे विकसित राष्ट्र के रूप में आगे बढ़ने के मार्ग में सबसे बड़ी बाधा है—

(क) हमारी आर्थिक अकुशलता

(ख) जातियों में बँटी हमारी संस्कृति

(ग) गरीबी और कुपोषण की समस्या

(घ) हमारी पराजयवादी मनोवृत्ति

847. डॉ. कलाम के अनुसार रचनात्मकता किसके लिए महत्त्वपूर्ण है?

(क) सभी कामों के लिए

(ख) कोई ऐसा काम, जिसके लिए खुद को याद करवाना पसंद किया जाए

(ग) विज्ञान और लेखन के लिए

(घ) अच्छा इनसान बनने के लिए

उत्तर के लिए कृपया पृष्ठ सं. 180 देखें।

848. बच्चों के लिए डॉ. अब्दुल कलाम के अनुसार महत्त्वपूर्ण बात क्या है?
(क) अपनी तरक्की करना
(ख) अपने प्रति ईमानदार रहकर दूसरों के प्रति करुणा की भावना रखना
(ग) दूसरों से ईमानदारी की अपेक्षा करना
(घ) अपने अधिकारों के लिए लड़ना

849. देश में ईंधन की खपत में सालाना कितने प्रतिशत की बढ़ोतरी हो रही है?
(क) लगभग 5 प्रतिशत की (ख) लगभग 30 प्रतिशत की
(ग) लगभग 15 प्रतिशत की (घ) लगभग 9 प्रतिशत की

850. डॉ. कलाम के अनुसार अगले कितने वर्षों में हम तेल के लिए पूरी तरह विदेशों पर निर्भर हो जाएँगे?
(क) अगले 20 वर्षों में (ख) अगले 30 वर्षों में
(ग) अगले 40 वर्षों में (घ) अगले 10 वर्षों में

851. डॉ. कलाम के अनुसार भारत को कहाँ से तेल लेना शुरू करना चाहिए?
(क) मिस्र, सूडान और सऊदी अरब से
(ख) मध्य व दक्षिण एशियाई देशों के अलावा रूस, अफ्रीका व दक्षिण अमेरिका से
(ग) ब्राजील, पेरू और चिली से
(घ) चीन, जापान, वियतनाम और श्रीलंका से

852. डॉ. कलाम के अनुसार तेल की बजाय अब विवाद का बड़ा कारण क्या बन सकता है?
(क) हवा (ख) बढ़ता प्रदूषण
(ग) बढ़ती आबादी (घ) जल

853. जल की उपलब्धता सूची 'वाटर फैवर्टी इंडेक्स' कौन तैयार करता है?
(क) सेंट्रल वाटर कमीशन
(ख) विश्व स्वास्थ्य संगठन
(ग) कील यूनिवर्सिटी और बिलिंगफोर्ड स्थित इंस्टीट्यूट ऑफ हाइड्रोलॉजी
(घ) संयुक्त राष्ट्र संघ

854. 147 देशों की जल उपलब्धता सूची में भारत का कौन सा स्थान है?
(क) पचासवाँ (ख) एक सौवाँ
(ग) दसवाँ (घ) दो सौवाँ

उत्तर के लिए कृपया पृष्ठ सं. 180-181 देखें।

855. कलाम के मुताबिक पुष्प का सबसे बड़ा गुण क्या है?
(क) खुशबू
(ख) नरमी
(ग) खूबसूरती
(घ) इतने गुणों के बावजूद स्वयं पर अभिमान न करना

856. आजकल कॉलेज के छात्र किस बात पर ज्यादा ध्यान देते हैं?
(क) अपने लिबास पर
(ख) प्रतिष्ठित कॉलेज में प्रवेश पाने पर
(ग) अपने मोबाइल पर
(घ) अपनी पढ़ाई पर

857. डॉ. कलाम के अनुसार, मिट्टी का जो अर्थ पृथ्वी के लिए है, वही शिक्षकों का किसके लिए है?
(क) जाति के लिए (ख) देश के लिए
(ग) समाज के लिए (घ) धर्म के लिए

858. ब्रह्मांड के बारे में डॉ. कलाम का क्या नजरिया है?
(क) ब्रह्मांड किसी निश्चित प्रयोजन के बिना न तो बना है, न ही चल रहा है
(ख) ब्रह्मांड का निर्माण स्वयमेव हुआ है
(ग) ब्रह्मांड का नियंता विज्ञान है
(घ) ब्रह्मांड किसी ईश्वर की रचना नहीं है

859. इस ब्रह्मांड में हर पात्र की कैसी भूमिका है?
(क) कठपुतली जैसी (ख) नायक जैसी
(ग) महानाटक के पात्र की तरह (घ) कैसी भी ढाली जा सकती है

860. हम भ्रम की स्थिति में क्यों रहे हैं?
(क) क्योंकि हम अच्छा होने की उम्मीद में जीते हैं
(ख) हम नहीं समझते कि हमें क्या करना है
(ग) हम सदैव इस उम्मीद में रहते हैं कि दुनिया-समाज में होनेवाला प्रत्येक कार्य हमारे अनुकूल हो
(घ) हम भविष्य में भरोसा करते हैं

उत्तर के लिए कृपया पृष्ठ सं. 181 देखें।

861. हमारा जीवन कैसी विषय–वस्तु है?
(क) सरलता और आरामतलबी की
(ख) सही दिशा में कठोर श्रम और अनुशासन की
(ग) कल्पना की उड़ान की
(घ) पढ़ाई–लिखाई और अपनी उन्नति की

862. डॉ. कलाम के मुताबिक वास्तविक जीवन क्या है?
(क) सच्चाई से जीना
(ख) देश के लिए जीना
(ग) जीवन के संबंध में हम जो अनुभूति करते हैं, वही कुल मिलाकर हमारा जीवन है
(घ) जरूरतमंदों की सेवा करते हुए जीना

863. वास्तविकता से विमुख होने का अर्थ क्या है?
(क) अंधकार की ओर बढ़ना
(ख) समाज से कटकर जीना
(ग) सच से आँखें मूँद लेना
(घ) आपने अपने वे पंख नोच फेंके, जो आपको वस्तुतः स्वर्ग तक उड़ने के लिए दिए गए थे

864. जिस व्यक्ति का स्वयं पर नियंत्रण नहीं है, उसके बारे में डॉ. कलाम का क्या कहना है?
(क) वह व्यक्ति पूरी तरह स्वतंत्र है
(ख) वह व्यक्ति किसी भी तरह स्वतंत्र नहीं है
(ग) वह व्यक्ति अज्ञानी है
(घ) वह व्यक्ति कूपमंडूक है

865. डॉ. कलाम के अनुसार दूरदर्शिता कैसी होती है?
(क) योजनाएँ भविष्य को ध्यान में रखकर बनाना
(ख) दूरदर्शिता तात्कालिक उद्देश्यों व लक्ष्यों से कहीं आगे अंतिम परिणाम पर होती है
(ग) भावी संकटों को भाँप लेना
(घ) वर्तमान समय से आगे निकल जाना

उत्तर के लिए कृपया पृष्ठ सं. 181 देखें।

866. विफलता और सफलता के संबंध में डॉ. कलाम किस कहावत में विश्वास करते हैं?
(क) विफलता सफलता की सीढ़ी होती है
(ख) विफलता और सफलता जुड़वाँ बहनें हैं
(ग) विफलता के बिना सफलता में मजा नहीं आता
(घ) जो विफलताओं में नहीं घबराता, वह सफलता में नहीं फूलता

867. डॉ. कलाम अपनी दैनिक चर्या में सुबह के समय क्या करते थे?
(क) जॉगिंग (ख) लेखन
(ग) सुबह की सैर, प्रार्थना, योगासन (घ) रीडिंग

868. स्नान करने से पहले डॉ. कलाम क्या करते हैं?
(क) कसरत (ख) हलका नाश्ता
(ग) एक गिलास दूध पीते हैं (घ) सिर पर नारियल तेल की मालिश

869. डॉ. कलाम के क्रिकेट-प्रेम की जानकारी उनके सहायकों को कैसे हुई?
(क) उनका क्रिकेट खेल देखकर
(ख) उन्हें क्रिकेट कमेंट्री सुनते देखकर
(ग) उनके कमरे में क्रिकेट सितारों के चित्र देखकर
(घ) 1996 के क्रिकेट वर्ल्ड कप के क्वार्टर फाइनल में पाकिस्तान को हराकर भारत के विजयी होने पर

870. इस मैचवाले दिन कलाम कहाँ थे?
(क) मुंबई जा रहे थे (ख) अरुणाचल प्रदेश जा रहे थे
(ग) मॉस्को जा रहे थे (घ) न्यूयॉर्क जा रहे थे

871. मॉस्को में डॉ. कलाम को एयरपोर्ट पर लेने आए उनके सहायकों द्वारा खुशी का कारण पूछने पर उन्होंने क्या जवाब दिया?
(क) कलाम ने बधाई दी कि भारत ने मैच जीत लिया
(ख) हमारा प्रयोग सफल रहा
(ग) हमने मिसाइल बना ली
(घ) हमारा बजट पास हो गया

872. डॉ. कलाम ने अपने सहायकों को मैच के बारे में क्या बताया?
(क) मैच का स्कोर बताया
(ख) मैन ऑफ द मैच का नाम बताया
(ग) पाकिस्तान की हार के कारण गिनाए
(घ) उन्होंने उस मैच का जीवंत वर्णन किया

उत्तर के लिए कृपया पृष्ठ सं. 181 देखें।

873. कलकत्ता में डॉ. कलाम एक बार दुर्लभ होम्योपैथी की दवा किसके लिए खोज रहे थे?

(क) हैदराबाद में अपने ड्राइवर के बच्चे के लिए

(ख) अपने मित्र के बच्चे के लिए

(ग) खुद अपने इलाज के लिए

(घ) अपनी बहन के बच्चे के लिए

874. डॉ. कलाम कब क्रोधित होते थे?

(क) असफलता मिलने पर (ख) बेईमानी अथवा छल होने पर

(ग) अपमान होने पर (घ) उनकी बात काटे जाने पर

875. ऑफिस के कैसे माहौल से डॉ. कलाम नाराज होते हैं?

(क) जब अधीनस्थ कर्मचारी वरिष्ठों को नीचा दिखाते हैं

(ख) ऑफिस का लक्ष्य पूरा न होने पर

(ग) जब वरिष्ठ अधिकारी अपने अधीनस्थों को नीचा दिखाते हैं

(घ) जब अधिकारी समय पर दफ्तर नहीं पहुँचते

876. डॉ. कलाम को एक रक्षा सचिव 'लाइटनिंग रोड' कहा करते थे, ऐसा क्यों?

(क) कलाम प्रकाश की गति से तेज सोचते थे

(ख) कलाम की आँखों में प्रकाश जैसा तेज होता था

(ग) कलाम बैठक में अपने विचारों से उजाला फैला देते थे

(घ) रक्षा सचिव के अनुसार बैठक में कलाम हर तरह के झटकों को झेल जाते थे

□

उत्तर के लिए कृपया पृष्ठ सं. 181 देखें।

कलाम और अध्यात्म

877. डॉ. कलाम की आध्यात्मिक यात्रा की शुरुआत कहाँ से हुई?
   (क) मदुरई के मीनाक्षी मंदिर से
   (ख) कन्याकुमारी से
   (ग) 20 अगस्त, 2000 को ऋषिकेश आश्रम से
   (घ) 13 जून, 2001 को अहमदाबाद में स्वामीनारायण संस्थान से

878. डॉ. कलाम आध्यात्मिक यात्रा के दौरान अजमेर कब गए थे?
   (क) जनवरी 1999 में (ख) जनवरी 2000 में
   (ग) सितंबर 2001 में (घ) दिसंबर 2002 में

879. डॉ. कलाम ने अमृत आनंदमयी के कंप्यूटर टेक्नोलॉजी संस्थान का दौरा कब किया?
   (क) 1 अगस्त, 2000 को (ख) 2 अक्तूबर, 2001
   (ग) 5 अक्तूबर, 2002 को (घ) 6 जुलाई, 2003 को

880. डॉ. कलाम पहली बार कांची के शंकराचार्य से कब मिले?
   (क) 5 मार्च, 2000 को (ख) 6 अक्तूबर, 2001 को
   (ग) 7 नवंबर, 2002 को (घ) 8 जनवरी, 2003 को

881. डॉ. कलाम माउंट आबू स्थित ब्रह्माकुमारी आध्यात्मिक केंद्र कब गए थे?
   (क) 3 मार्च, 2001 को
   (ख) 3 अक्तूबर, 2001 को
   (ग) 3 फरवरी, 2002 को
   (घ) 4 फरवरी, 2003 को

उत्तर के लिए कृपया पृष्ठ सं. 181 देखें।

882. महान् लोगों का धर्म क्या होता है?
(क) गरीबों को दान देना
(ख) गरीबों को खिलाना
(ग) दोस्ती कायम करना
(घ) गरीबों को शिक्षा देना का तरीका

883. छोटे लोग धर्म का इस्तेमाल कैसे करते हैं?
(क) दोस्ती करके
(ख) दीन–दु:खियों की सेवा करके
(ग) झगड़े का हथियार बना डालते हैं
(घ) उपर्युक्त सभी

884. दैवी निर्देशन में संपूर्ण ज्ञान की प्राप्ति को इसलामिक दृष्टिकोण के मुताबिक क्या कहा जाता है?
(क) इलहाम (ख) कुफ्र
(ग) बरकत (घ) मेरिफत

885. पूर्वी सभ्यताओं में दैवी निर्देशन में ज्ञान की प्राप्ति को क्या कहा जाता है?
(क) दिव्य ज्ञान (ख) ज्ञानोदय
(ग) बुद्धत्व (घ) पूर्णत्व

886. पश्चिमी सभ्यता में इसे क्या कहा जाता है?
(क) अंतर्ज्ञान (ख) गुरुत्व
(ग) पूर्णता (घ) ब्रह्मत्व

887. डॉ. कलाम सिक्किम की एंची मोनेस्टरी कब गए?
(क) अगस्त 2003 में (ख) जनवरी 2005 में
(ग) सितंबर 2005 में (घ) दिसंबर 2005 में

888. सिक्किम के उस दौरे में डॉ. कलाम और कहाँ गए?
(क) सर ताशी नामग्याल सीनियर सेकंडरी स्कूल, गंगटोक
(ख) नॉर्थ चर्च ऑफ सिक्किम
(ग) गंगटोक पाठक स्कूल
(घ) नामग्याल मोनेस्टरी

889. डॉ. कलाम डिंडिगुल के बेस्ची कॉलेज में फादर लेडिस्लस चिन्नाचुरई से मिलने कब गए?
(क) अगस्त 2005 में (ख) सितंबर 2006 में
(ग) मार्च 2001 में (घ) सितंबर 2007 में

उत्तर के लिए कृपया पृष्ठ सं. 181-182 देखें।

890. फादर लेडिस्लस ने डॉ. कलाम को कहाँ पढ़ाया था?
(क) मद्रास के कॉलेज में
(ख) मद्रास इंस्टीट्यूट ऑफ टेक्नोलॉजी में
(ग) तिरुचिरापल्ली के सेंट जोसफ कॉलेज में
(घ) श्वाट्र्ज हाई स्कूल, रामनाथपुरम में

891. फादर लेडिस्लस ने डॉ. कलाम को पढ़ाते समय क्या सूत्र वाक्य दिया था?
(क) जब भी बोलें, सत्य बोलें
(ख) चिंतन ही उन्नति है
(ग) विफलताओं और सफलताओं का मुकाबला करो
(घ) जैसे कृषि में पौधों का विकास किया जाता है, वैसे ही शिक्षा से व्यक्ति का विकास होता है

892. यूनानी मान्यता के अनुसार विद्या कितने प्रकार की होती है?
(क) दो प्रकार की (ख) तीन प्रकार की
(ग) चार प्रकार की (घ) पाँच प्रकार की

893. यूनानी मान्यता के अनुसार जीवन का रहस्य किसमें छिपा है?
(क) विद्या में (ख) जाति में
(ग) समाज में (घ) संस्कृति में

894. डॉ. कलाम के अनुसार अन्य पीढ़ियों के मुकाबले हमने बदलाव को किस स्तर पर देखा है?
(क) उच्च स्तर पर उठते (ख) रसातल में जाते
(ग) अस्थिर स्थिति में (घ) मूलभूत स्तर पर आते

895. बदलाव को नकारनेवालों को किस स्वभाव का माना जाता है?
(क) जिद्दी स्वभाव का (ख) तटस्थ स्वभाव का
(ग) लचीले स्वभाव का (घ) नकारात्मक स्वभाव का

896. डॉ. कलाम के अनुसार वर्तमान में कार्यरत कितने लोग 'वैश्विक' दृष्टिकोण रखते हैं?
(क) एक-तिहाई लोग (ख) एक-चौथाई लोग
(ग) आधे लोग (घ) सभी लोग

897. विद्वानों ने सभी नए कामों में किसकी जरूरत बताई है?
(क) ज्ञान की (ख) विज्ञान की
(ग) साहस की (घ) प्रौद्योगिकी की

उत्तर के लिए कृपया पृष्ठ सं. 182 देखें।

898. यह सिद्धांत कि 'विश्व का प्रत्येक कार्य किसी कारण से ही होता है', किस अध्यात्म का आधार है?
(क) भारतीय अध्यात्म का (ख) बौद्ध अध्यात्म का
(ग) पश्चिमी अध्यात्म का (घ) ईसाई मत का

899. भारतीय अध्यात्म किस चीज को किससे जोड़ता है?
(क) मनुष्य को मनुष्य से (ख) ईश्वर को मनुष्य से
(ग) मनुष्य को प्रकृति से (घ) मनुष्य को ब्रह्मांड से

900. ब्रह्मांड पर विश्वास करने का क्या अर्थ है?
(क) आस्तिक होना
(ख) नास्तिक होना
(ग) इस विश्वास के साथ जीना कि कुछ भी अकारण नहीं होता
(घ) सकारात्मक होना

901. जैसे-जैसे हम बड़े होते हैं तो हम कैसे सीखते हैं?
(क) जीवन अपने आप बहुत सी चीजें सिखाता है
(ख) हमारी स्मरणशक्ति बढ़ती जाती है
(ग) कोशिशों से सीखते हैं
(घ) उम्र के साथ सीखना आसान है

902. कार्य करने के दौरान हमारे उत्साह को क्या चीज कम करती है?
(क) हमारी नकारात्मकता
(ख) यह संभावना कि हम गलत हो सकते हैं
(ग) हमारी असफलता
(घ) हमारी असाधारणता

903. डॉ. कलाम का विद्यालयों में जाने का क्या उद्देश्य है?
(क) युवाओं में जोश भरना
(ख) युवाओं को उत्तेजित करना
(ग) युवाओं को आक्रामक बनाना
(घ) युवाओं के मन-मस्तिष्क को जगाना

904. डॉ. कलाम को सिद्धगंगा मठ (डमकुट, कर्नाटक) जाने का मौका कब मिला?
(क) मई 2007 में (ख) जून 2007 में
(ग) अप्रैल 2007 में (घ) मार्च 2007 में

उत्तर के लिए कृपया पृष्ठ सं. 182 देखें।

905. सिद्धगंगा मठ में किस समारोह का आयोजन किया गया था?

(क) श्रीश्री शिवकुमार स्वामीजी का सौवाँ जन्मदिवस समारोह मनाया जा रहा था

(ख) श्रीश्री शिवकुमार स्वामीजी का एक सौ पचासवाँ जन्मदिवस समारोह मनाया जा रहा था।

(ग) मूर्ति की स्थापना हो रही थी

(घ) मठ का स्थापना-दिवस मनाया जा रहा था

906. डॉ. कलाम ने आर्ट ऑफ लिविंग के रजत जयंती समारोह में कब भाग लिया था?

(क) जनवरी 2006 में (ख) फरवरी 2006 में

(ग) दिसंबर 2006 में (घ) अगस्त 2007 में

907. यह रजत जयंती समारोह कहाँ आयोजित किया गया था?

(क) मुंबई में

(ख) बेंगलुरु के पास जाक्कुर हवाई पट्टी पर

(ग) दिल्ली में

(घ) मैसूर में

908. इस समारोह में कितने लोग शामिल हुए थे?

(क) सौ देशों से करीब 20 लाख लोग

(ख) डेढ़ सौ देशों से 25 लाख लोग

(ग) पचास देशों में करीब 10 लाख लोग

(घ) पच्चीस देशों से 12 लाख लोग

909. कलाम के मुताबिक मानवता की सबसे अच्छी उपलब्धि क्या है?

(क) इनसानियत (ख) ज्ञान-विज्ञान

(ग) सौंदर्य-बोध (घ) सभ्य होने की प्रक्रिया

910. पश्चिमी देशों में पुरुष और स्त्री का साथ घूमना क्या माना जाता है?

(क) गलत (ख) सही

(ग) असभ्य (घ) अपराध

911. भारत में पुरुष का स्त्री के साथ हाथ पकड़कर घूमना क्या माना जाता है?

(क) सही (ख) अपराध

(ग) गलत (घ) अनैतिक

उत्तर के लिए कृपया पृष्ठ सं. 182 देखें।

912. पश्चिमी देशों में धार्मिक स्थान पर जूते पहनकर जाना कैसा माना जाता है?
(क) अनादर करना
(ख) आदर करना
(ग) अभिमान करना
(घ) बड़प्पन दिखाना

913. चेन्नई में डॉ. कलाम को शतायु ट्रस्ट के कार्यकारी अध्यक्ष के रूप में उन्हें 'कांची शतायु परमाचार्य सम्मान' कब दिया गया?
(क) सन् 1997 में (ख) सन् 1998 में
(ग) सन् 1996 में (घ) सन् 2001 में

914. 'कांची शतायु परमाचार्य सम्मान' के दौरान डॉ. कलाम का प्रशस्ति-पत्र पढ़ने का सौभाग्य किसे प्राप्त हुआ था?
(क) योजना आयोग के सदस्य डॉ. के. वेंकटसुब्रमण्यम को
(ख) कांची के शंकराचार्य को
(ग) तलिमनाडु के गृहमंत्री को
(घ) स्वामी रामदेव को

915. प्रशस्ति-पत्र में निष्कर्ष के तौर पर डॉ. कलाम को कैसे उद्धृत किया गया?
(क) दूरदर्शी वैज्ञानिक
(ख) जमीन से आकाश की उड़ान तक
(ग) संघर्ष करना, तलाश करना, खोजना और लाभ न उठाना
(घ) सरल, विनम्र, महामानव

916. उक्त पुरस्कार डॉ. कलाम को किसने प्रदान किया?
(क) शंकराचार्य ने
(ख) भारत के पूर्व राष्ट्रपति श्री आर. वेंकटरमन ने
(ग) अटल बिहारी वाजपेयी ने
(घ) लता मंगेशकर ने

917. इसलाम में 'मगरिब' का क्या अर्थ है?
(क) सूर्योदय की नमाज का वक्त
(ख) पूर्व दिशा का
(ग) सूर्यास्त की नमाज का वक्त
(घ) पश्चिम दिशा का

उत्तर के लिए कृपया पृष्ठ सं. 182 देखें।

918. खलीफा उमर की महानता के बारे में डॉ. कलाम ने धार्मिक सहिष्णुता के संबंध में क्या लिखा है?

(क) खलीफा एक महान् समाज-सुधारक थे

(ख) मगरिब के समय खलीफा ने गिरजाघर की बजाय बाहर ही नमाज अदा की, ताकि उनके समर्थक उसे मसजिद बनाने पर न उतारू हो जाएँ

(ग) धार्मिक सहिष्णुता बनाए रखने के लिए खलीफा ने मसजिदों के साथ-साथ मंदिरों का निर्माण कराया

(घ) खलीफा ने धार्मिक सहिष्णुता की स्थापना के लिए कई देशों की यात्रा की

919. डॉ. कलाम किस धर्म को माननेवाले कहे जा सकते हैं?

(क) मुसलिम धर्म को माननेवाले

(ख) सर्वधर्म को माननेवाले

(ग) कबीर पंथ को माननेवाले

(घ) वे धर्मनिरपेक्षता के साकार रूप हैं

920. डॉ. कलाम का मानवतावाद किस सिद्धांत पर आधारित है?

(क) कुलीन मानवतावाद के सिद्धांत पर

(ख) मनुष्यों की समानता के आधारभूत सिद्धांत पर

(ग) जातीय सिद्धांत पर

(घ) धर्म के आधारभूत सिद्धांत पर

921. डॉ. कलाम के मुताबिक ऊर्जा का प्रवाह व्यक्ति में कहाँ से और कैसे आ सकता है?

(क) अंतर्मन की प्रार्थना से

(ख) शक्ति और स्वास्थ्य से

(ग) गहरी प्रतिबद्धता व समर्पण से

(घ) भाग्य और चमत्कार से

□

उत्तर के लिए कृपया पृष्ठ सं. 182 देखें।

कलाम और शिक्षा

922. डॉ. कलाम ने 1,00,000 विद्यार्थियों से मिलने का लक्ष्य कब प्राप्त कर लिया था?

(क) नवंबर 2001 में (ख) जनवरी 2003 में

(ग) नवंबर 2002 में (घ) मई 2000 में

923. ग्रामीण पृष्ठभूमि के विद्यार्थियों को सहायता प्रदान करने के उद्देश्य से डॉ. कलाम ने किस ट्रस्ट की स्थापना की?

(क) कलाम फाउंडेशन (ख) अब्दुल कलाम फाउंडेशन

(ग) माई इंडिया फाउंडेशन (घ) डेवलप्ड इंडिया फाउंडेशन

924. वर्गीज कुरियन को अपनी योजना के लिए किन लोगों को राजी करना पड़ा?

(क) किसानों को (ख) नेताओं को

(ग) मजदूरों को (घ) व्यापारियों को

925. डॉ. कलाम के अनुसार किसी भी कार्य में नयापन कैसे आता है?

(क) पुराने को हटाकर

(ख) नए-पुराने को जोड़कर

(ग) पुराने में कुछ नया जोड़कर

(घ) दो नए क्षेत्रों को मिलाकर

926. डॉ. कलाम ने हड्डी शल्य चिकित्सक डॉ. बी.एन. प्रसाद के साथ मिलकर किस कृत्रिम अंग का विकास किया?

(क) कृत्रिम पैर का (ख) फ्लोर रिएक्शन प्रोस्थॉसिस का

(ग) कृत्रिम हाथ का (घ) कृत्रिम उँगलियों का

उत्तर के लिए कृपया पृष्ठ सं. 182 देखें।

927. इस कृत्रिम अंग का क्या उपयोग है?
(क) हाथ कटने पर लगाया जा सकता है
(ख) पैर कटने पर लगाया जा सकता है
(ग) पोलियो से पीड़ित बच्चा आसानी से चल सकता है
(घ) यह शरीर का वजन घटा देता है

928. फादर फेलिक्स ने मानसिक विकलांग बच्चों के लिए स्कूल कहाँ खोला?
(क) केरल के कोट्टायम में (ख) आंध्र प्रदेश में
(ग) तमिलनाडु में (घ) सिक्किम में

929. अधिकतर व्यापारिक संस्थान और कुछ सरकारी विभाग कर्मचारी की किस दक्षता को प्रोत्साहित करते हैं?
(क) नैतिकता को (ख) शारीरिक बल को
(ग) नेतृत्व कौशल के गुण को (घ) सकारात्मकता को

930. डॉ. कलाम ने केरल के संतगिरि आयुर्वेद मेडिकल कॉलेज का भ्रमण कब किया?
(क) जनवरी 2006 में (ख) सितंबर 2006 में
(ग) मार्च 2007 में (घ) अगस्त 2009 में

931. विज्ञान विषय के बारे में डॉ. कलाम की क्या चिंता है?
(क) छात्र प्रथम विकल्प के तौर पर विज्ञान की पढ़ाई में कम ही आ रहे हैं
(ख) छात्र विज्ञान विषय से दूर भाग रहे हैं
(ग) छात्रों को विज्ञान विषय अरुचिकर लगता है
(घ) विज्ञान विषय में स्थिरता आ गई है

932. पिछली बार हमें विज्ञान में नोबेल पुरस्कार कब मिला था?
(क) सन् 1967 में (ख) सन् 1992 में
(ग) सन् 1989 में (घ) सन् 1983 में

933. डॉ. कलाम के मुताबिक शिक्षक को सबसे अलग करनेवाला गुण क्या है?
(क) अनुशासन (ख) विद्वत्ता
(ग) सत्य पर आधारित आचरण (घ) ज्ञान बाँटना

934. स्नातक करने के बाद कितने प्रतिशत छात्र रिसर्च के क्षेत्र में जाते हैं?
(क) लगभग 30 प्रतिशत (ख) लगभग 10 प्रतिशत
(ग) लगभग 20 प्रतिशत (घ) लगभग 2 प्रतिशत

उत्तर के लिए कृपया पृष्ठ सं. 182-183 देखें।

935. स्नातक के बाद कितने प्रतिशत छात्र नौकरियाँ खोजने लगते हैं?
(क) लगभग 60 प्रतिशत (ख) शत प्रतिशत
(ग) 99 प्रतिशत (घ) लगभग 90 प्रतिशत

936. महाराष्ट्र विज्ञान अकादमी ने डॉ. कलाम को क्यों आमंत्रित किया?
(क) इंदिरा गांधी स्मृति व्याख्यान देने के लिए
(ख) डॉ. साराभाई केंद्र स्थापित करने के लिए
(ग) जवाहरलाल नेहरू स्मृति व्याख्यान देने के लिए
(घ) विज्ञान अकादमी को दिखाने के लिए

937. यह व्याख्यान कब आयोजित किया गया?
(क) अगस्त 1986 में (ख) अगस्त 1987 में
(ग) सितंबर 1988 में (घ) सितंबर 1989 में

938. वर्ष 1990 के आखिर में डॉ. कलाम को जादवपुर विश्वविद्यालय ने किस उपाधि से सम्मानित किया?
(क) डॉक्टर ऑफ रॉकेट
(ख) डॉक्टर ऑफ लिटरेचर
(ग) डॉक्टर ऑफ इंजन
(घ) डॉक्टर ऑफ साइंस

939. सन् 1990 में जादवपुर विश्वविद्यालय ने जब डॉ. कलाम को 'डॉक्टर ऑफ साइंस' की मानद उपाधि से सम्मानित किया था, तब उनके साथ किस अन्य महान् हस्ती को भी इसी उपाधि से सम्मानित किया गया था?
(क) नेल्सन मंडेला को (ख) प्रणब मुखर्जी को
(ग) डॉ. मनमोहन सिंह को (घ) डॉ. राजा रमन्ना को

940. अन्ना विश्वविद्यालय, मद्रास ने सन् 1982 में जब डॉक्टर ऑफ साइंस की मानद उपाधि देकर डॉ. कलाम को सम्मानित किया था, तब दीक्षांत समारोह की अध्यक्षता किसने की थी?
(क) डॉ. सी.वी. रमन ने (ख) डॉ. राजा रमन्ना ने
(ग) प्रो. सतीश धवन ने (घ) डॉ. सुब्रमण्यम चंद्रशेखर ने

941. इसी वर्ष आई.आई.टी., मुंबई ने भी उन्हें कौन सा सम्मान दिया था?
(क) डॉक्टर ऑफ कंप्यूटर (ख) डॉक्टर ऑफ साइंस
(ग) डॉक्टर ऑफ रॉकेट (घ) डॉक्टर ऑफ लिटरेचर

उत्तर के लिए कृपया पृष्ठ सं. 183 देखें।

942. डॉ. कलाम अन्ना विश्वविद्यालय में इंजीनियरिंग के छात्रों को संबोधित करने कब गए थे?

(क) अप्रैल 2001 में (ख) मार्च 2002 में

(ग) फरवरी 2003 में (घ) अगस्त 2004 में

943. डॉ. कलाम मद्रास विश्वविद्यालय के कुलपति कब बने?

(क) सन् 1995 में (ख) सन् 1993 में

(ग) सन् 1996 में (घ) सन् 1994 में

944. मद्रास यूनिवर्सिटी से वापस बुलाकर डॉ. कलाम को डी.आर.डी.ओ. की फिर से जिम्मेदारी किसने सौंपी?

(क) तत्कालीन प्रधानमंत्री पी.वी. नरसिम्हा राव ने

(ख) चंद्रशेखर ने

(ग) एच.डी. देवेगौड़ा ने

(घ) विक्रम साराभाई ने

945. जिम्मेदारी सँभालने से मना करते हुए डॉ. कलाम ने पी.वी. नरसिम्हा राव को क्या कहा?

(क) वे पद के योग्य नहीं

(ख) वे व्यस्त हैं

(ग) उन्हें वह काम नापसंद है

(घ) अपनी उम्र बासठ वर्ष होने की बात कही

946. जवाब में प्रधानमंत्री ने डॉ. कलाम से क्या कहा?

(क) आप सीख जाएँगे

(ख) मैं तो बहत्तर वर्ष का हो गया हूँ

(ग) आप फुरसत निकालिए

(घ) काम दिलचस्प है

947. पी.वी. नरसिम्हा राव को कितनी भाषाओं का ज्ञान था?

(क) 15 भाषाओं का (ख) 3 भाषाओं का

(ग) 17 भाषाओं का (घ) 19 भाषाओं का

948. पोर्ट लुइस स्थित मॉरीशस यूनिवर्सिटी में डॉ. कलाम ने छात्रों को कब संबोधित किया?

(क) 13 मार्च, 2007 को (ख) 13 मार्च, 2006 को

(ग) 13 मई, 2008 को (घ) 13 दिसंबर, 2006 को

उत्तर के लिए कृपया पृष्ठ सं. 183 देखें।

949. राष्ट्रपति डॉ. कलाम हैदराबाद स्थित निजाम यूनिवर्सिटी ऑफ मेडिकल साइंसेज के दीक्षांत समारोह में हिस्सा कब लेने गए थे?

(क) 26 नवंबर, 2003 को (ख) 26 नवंबर, 2002 को

(ग) 25 जनवरी, 2004 को (घ) 26 दिसंबर, 2008 को

950. डॉ. कलाम ने हरिद्वार के देव संस्कृति विश्वविद्यालय के दूसरे दीक्षांत समारोह को कब संबोधित किया?

(क) 9 दिसंबर, 2006 को (ख) 1 जनवरी, 2008 को

(ग) 9 दिसंबर, 2007 को (घ) 15 दिसंबर, 2006 को

951. डॉ. कलाम ने नान्यांग टेक्नोलॉजिकल यूनिवर्सिटी, सिंगापुर में अपना संबोधन कब दिया?

(क) 2 फरवरी, 2007 को (ख) 1 सितंबर 2005 को

(ग) 15 दिसंबर 2006 को (घ) 2 फरवरी, 2006 को

952. सिंगापुर की यह यूनिवर्सिटी किस क्षेत्र में प्रसिद्ध है?

(क) मोबाइल तकनीक

(ख) रक्षा विज्ञान में

(ग) दूर-संचार तकनीक में

(घ) विज्ञान व तकनीक के क्षेत्र में

953. डॉ. कलाम ने पुट्टपार्थी, आंध्र प्रदेश में श्रीसत्य साईं इंस्टीट्यूट ऑफ हायर लर्निंग के पच्चीसवें दीक्षांत समारोह को कब संबोधित किया?

(क) 22 नवंबर, 2005 को

(ख) 13 नवंबर, 2007 को

(ग) 22 नवंबर, 2006 को

(घ) 11 अक्तूबर, 2006 को

954. विमान चालन से संबंधित अनुसंधानात्मक समस्याओं को कैसे हल किया जाता है?

(क) यूक्लिड ज्यामितीय सिद्धांतों की सहायता से

(ख) पाइथागोरस प्रमेय की मदद से

(ग) न्यूटन के गति के नियमों द्वारा

(घ) विभिन्न गणितीय सिद्धांतों से

955. अधिक जटिल समस्याओं को सुलझाने में हम किस ज्यामिति का प्रयोग करते हैं?

(क) जटिल ज्यामिति का (ख) राइमन ज्यामिति का

(ग) सरल ज्यामिति का (घ) वस्तुनिष्ठ ज्यामिति का

उत्तर के लिए कृपया पृष्ठ सं. 183 देखें।

956. डॉ. कलाम ने कितने विश्वविद्यालयों और कितनी रक्षा प्रयोगशालाओं को एस.आई.आर., आई.एस.आर.ओ. और दर्जनों सरकारी एवं गैर-सरकारी संस्थाओं को मिसाइल सुधार कार्यक्रम में शामिल किया?

(क) 10 विश्वविद्यालयों और 35 रक्षा प्रयोगशालाओं को

(ख) 15 विश्वविद्यालयों और 32 रक्षा प्रयोगशालाओं को

(ग) 12 विश्वविद्यालयों और 30 रक्षा प्रयोगशालाओं को

(घ) 18 विश्वविद्यालयों और 13 रक्षा प्रयोगशालाओं को

957. डॉ. कलाम ने पंजाब यूनिवर्सिटी में आई.सी.ओ.एस.ई.आर. केंद्र का उद्घाटन कब किया?

(क) जनवरी 2001 में (ख) मार्च 2000 में

(ग) फरवरी 2000 में (घ) अगस्त 1999 में

958. समकालीन इंजीनियरिंग अवधारणा में क्या किया गया?

(क) उत्पादन सुविधाओं का निर्माण और विकास प्रक्रिया के दौरान ही उनका इस्तेमाल किया गया

(ख) सुविधाओं का निर्माण जरूरतों के हिसाब से अलग-अलग किया गया

(ग) विदेशी मदद ली गई

(घ) संयुक्त राष्ट्र ने सहायता प्रदान की

959. किस समस्या को दूर करने के लिए समकालीन इंजीनियरिंग की अवधारणा विकसित की गई?

(क) आवास की समस्या को दूर करने के लिए

(ख) जल-संकट से मुक्ति पाने के लिए

(ग) बेरोजगारी को दूर करने के लिए

(घ) किसी उत्पाद पर उपयोगकर्ताओं की सहमति के बाद उत्पादन में विलंब की समस्या को दूर करने के लिए

960. उड़ीसा के ब्रह्मपुर शहर में माध्यमिक विद्यालय के शताब्दी समारोह में डॉ. कलाम कब शामिल हुए?

(क) 12 जुलाई, 2007 को (ख) 5 जून, 2006 को

(ग) 5 जुलाई, 2006 को (घ) 5 अगस्त, 2007 को

उत्तर के लिए कृपया पृष्ठ सं. 183 देखें।

961. वर्ष 2006 में उड़ीसा के दौरे के समय इनमें से कौन डॉ. कलाम के साथ थे?
(क) उनके मित्र श्री कोटा हरिनारायण
(ख) पिता जैनुलाबदीन
(ग) माँ आशियम्मा
(घ) बहन श्रीमती जोहरा

962. श्री कोटा हरिनारायण क्या रह चुके थे?
(क) भारतीय मिसाइल निर्माण प्रमुख
(ख) भारतीय हलके लड़ाकू विमान विकास परियोजना के प्रमुख
(ग) अंतरिक्ष वैज्ञानिक
(घ) उपग्रह परियोजना प्रमुख

963. श्री कोटा का उड़ीसा के उस माध्यमिक विद्यालय से क्या संबंध था?
(क) उस विद्यालय के पूर्व विशिष्ट छात्र रहे थे
(ख) उस विद्यालय के शिक्षक रहे थे
(ग) उस विद्यालय के ट्रस्टी थे
(घ) उस विद्यालय के संस्थापक थे

□

उत्तर के लिए कृपया पृष्ठ सं. 183 देखें।

डॉ. कलाम की नजर में अन्य वैज्ञानिक

964. डॉ. कलाम किससे सबसे ज्यादा प्रभावित हुए?
(क) होमी जहाँगीर भाभा से (ख) श्रीनिवास रामानुजन से
(ग) प्रो. विक्रम साराभाई से (घ) प्रो. सतीश धवन से

965. प्रसिद्ध गणितज्ञ रामानुजन के पिता क्या करते थे?
(क) कपड़े की दुकान में मुनीम का काम
(ख) वैज्ञानिक थे
(ग) चाय की दुकान चलाते थे
(घ) बस कंडक्टर थे

966. रामानुजन कितने वर्ष की अवस्था में त्रिकोणमिति में निपुण हो गए थे?
(क) मात्र 9 वर्ष (ख) मात्र 11 वर्ष
(ग) मात्र 12 वर्ष (घ) मात्र 7 वर्ष

967. महान् गणितज्ञ श्रीनिवास रामानुजन कितने वर्ष तक जीवित रहे थे?
(क) केवल 30 वर्ष (1884-1920)
(ख) केवल 33 वर्ष (1887-1920)
(ग) केवल 100 वर्ष
(घ) केवल 120 वर्ष

968. डॉ. कलाम के अनुसार रामानुजन को श्रद्धांजलि में क्या कहा गया था?
(क) हरेक अपूर्ण संख्या का वह स्वामी था
(ख) एक महान् का अंत नहीं
(ग) हरेक पूर्ण संख्या रामानुजन की व्यक्तिगत मित्र थी
(घ) हर व्यक्ति के लिए यादगार

उत्तर के लिए कृपया पृष्ठ सं. 183 देखें।

969. डॉ. कलाम के अनुसार किस वैज्ञानिक को विज्ञान के दो भिन्न विषयों में नोबेल पुरस्कार प्राप्त हुआ है?
(क) भौतिकी, रसायनशास्त्र में मेरी क्यूरी को
(ख) सुब्रमण्यम चंद्रशेखर को
(ग) अल्बर्ट आइंस्टीन को
(घ) माइकल फैराडे को

970. डॉ. कलाम के अनुसार मेरी क्यूरी को पहली बार नोबेल पुरस्कार कब मिला?
(क) सन् 1803 में
(ख) सन् 1919 में
(ग) सन् 1913 में
(घ) सन् 1903 में भौतिकी में विकिरण विषय पर संयुक्त रूप से

971. डॉ. कलाम के अनुसार मेरी क्यूरी को दूसरी बार नोबेल पुरस्कार कब मिला?
(क) सन् 1911 में रेडियम व पोलोनियम की खोज के लिए
(ख) सन् 1915 में
(ग) सन् 1918 में
(घ) सन् 1919 में

972. डॉ. कलाम के अनुसार मेरी क्यूरी की बेटी को नोबेल पुरस्कार कब मिला?
(क) सन् 1935 में रसायन विज्ञान में
(ख) सन् 1936 में विकिरण पर
(ग) सन् 1935 में भौतिकी में
(घ) सन् 1937 में खगोलीय खोज पर

973. डॉ. कलाम के मुताबिक विश्व का पहला वैज्ञानिक कौन है?
(क) बूढ़ा (ख) बच्चा
(ग) महिला (घ) ईश्वर

974. डॉ. कलाम भारतीय वैज्ञानिकों में किसे अग्रणी मानते हैं?
(क) प्रो. सतीश धवन को
(ख) आर्यभट को
(ग) होमी जहाँगीर भाभा को
(घ) प्रो. विक्रम साराभाई को

उत्तर के लिए कृपया पृष्ठ सं. 183-184 देखें।

975. डॉ. कलाम के अनुसार इसका प्रमुख कारण क्या है?

(क) आर्यभट ने 'शून्य' का आविष्कार करके पूरी दुनिया को बड़ी सौगात दी थी

(ख) आर्यभट महान् वैज्ञानिक थे

(ग) आर्यभट ने गणितीय गणनाओं को सरल कर दिया था

(घ) आर्यभट ने भारत का नाम रोशन किया

976. डॉ. कलाम के अनुसार आर्यभट की किस पुस्तक में विभिन्न खगोल-शास्त्रीय एवं गणितीय सिद्धांतों की व्याख्या दी गई है?

(क) भटीयविज्ञानम् में (ख) शून्यशिखरम् में

(ग) आर्यभटीयम् में (घ) आर्यगणित सिद्धांतम् में

977. डॉ. कलाम के अनुसार 'आर्यभटीयम्' में कुल कितने पद हैं?

(क) 115 पद (ख) 118 पद

(ग) 29 पद (घ) 178 पद

978. डॉ. कलाम के अनुसार भारत के पहले उपग्रह का नामकरण आर्यभट के नाम पर क्यों किया गया?

(क) इसका निर्माण आर्यभट ने किया था

(ख) इसकी तकनीक आर्यभट ने सुझाई थी

(ग) यह नाम लोगों को पसंद था

(घ) यही उनके प्रति देश की सच्ची श्रद्धांजलि थी

979. डॉ. कलाम के अनुसार आर्यभट ने अंतरिक्ष में ग्रहों की स्थिति की जानकारी कैसे दी है?

(क) नियमबद्ध तरीके से (ख) चित्रण द्वारा

(ग) आकलन द्वारा (घ) कथा शैली में

980. आर्यभट के बारे में डॉ. कलाम की क्या अवधारणा है?

(क) वे महान् आविष्कारक थे

(ख) उनकी गणितीय गणनाएँ संदेह से परे हैं

(ग) वे ऐसे प्रथम व्यक्ति हैं, जिन्होंने ब्रह्मांड का अपने तार्किक दृष्टिकोण से निरीक्षण किया

(घ) वे विश्व के पहले खगोलविद् थे

उत्तर के लिए कृपया पृष्ठ सं. 184 देखें।

981. कल्पनाशीलता का ऐसा विन्यास आर्यभट के बाद किसमें देखा गया?
(क) आइंस्टीन में (ख) बोहर में
(ग) न्यूटन में (घ) फैराडे में

982. डॉ. कलाम के अन्य प्रेरणास्रोत वैज्ञानिक एडीसन ने कितने वर्ष की उम्र में खर्च चलाने के लिए अखबार निकाला?
(क) 12 साल (ख) 9 साल
(ग) 13 साल (घ) 14 साल

983. डॉ. कलाम के अन्य प्रेरणास्रोत वैज्ञानिक एडीसन ने किस अखबार का प्रकाशन किया?
(क) द डेली सन (ख) द डेली हेरॉल्ड
(ग) द वीकली हेराल्ड (घ) पीपुल्स न्यूज

984. डॉ. कलाम के अन्य प्रेरणास्रोत वैज्ञानिक एडीसन को छोटे से अखबार से प्रतिदिन कितनी आमदनी होती थी?
(क) 12 डॉलर (ख) 10 डॉलर
(ग) 8 डॉलर (घ) 17 डॉलर

985. डॉ. कलाम के अन्य प्रेरणास्रोत वैज्ञानिक एडीसन ने किस वर्ष पहली फिल्म बनाई?
(क) सन् 1903 में (ख) सन् 1901 में
(ग) सन् 1904 में (घ) सन् 1909 में

986. डॉ. कलाम के अन्य प्रेरणास्रोत वैज्ञानिक एडीसन द्वारा निर्मित पहली फिल्म का नाम क्या था?
(क) द बर्निंग ट्रेन (ख) द बल्ब
(ग) द ग्रेट ट्रेन रॉबरी (घ) दि इलेक्ट्रिसिटी

987. डॉ. कलाम के अनुसार बीसवीं सदी के पहले कुछ दशक कैसे रहे थे?
(क) गुलामी के अंधकार के
(ख) आर्थिक बदहाली के
(ग) अराजकता के
(घ) भारतीय विज्ञान के विस्मयकारी उत्थान के

988. डॉ. कलाम के अनुसार सी.वी. रमन के वैज्ञानिक दृष्टिकोण को अंग्रेज सरकार ने कब समझा?
(क) सन् 1917 में (ख) सन् 1938 में
(ग) सन् 1912 में (घ) सन् 1919 में

उत्तर के लिए कृपया पृष्ठ सं. 184 देखें।

989. डॉ. कलाम के अनुसार 'रमन प्रभाव' की खोज के बारह वर्षों के भीतर कितने शोधपत्र छपे?

(क) करीब 1,500 (ख) करीब 1,800

(ग) करीब 105 (घ) करीब 2,000

990. डॉ. कलाम के अनुसार सी.वी. रमन ने बेंगलुरु में कब तक कार्य किया?

(क) 15 वर्ष तक

(ख) 18 वर्ष तक

(ग) सन् 1933 से 1970 तक (मृत्युपर्यंत)

(घ) सन् 1933 से 1951 तक

991. डॉ. कलाम के अनुसार सी.वी. रमन के कॅरियर की शुरुआत कहाँ से हुई थी?

(क) क्लर्क से

(ख) आई.ए.एस. से

(ग) वैज्ञानिक से

(घ) महालेखाकार, कलकत्ता के कार्यालय से

992. डॉ. कलाम के अनुसार रमन अनुसंधान संस्थान की स्थापना किस कोष से की गई?

(क) सन् 1950 में सरकारी कोष से

(ख) सन् 1961 में चंदा इकट्ठा कर

(ग) सन् 1930 में विदेशी सहायता से

(घ) सन् 1948 में व्यक्तिगत कोष से

993. "कलाम ऐसे राष्ट्रवादी व्यक्ति हैं, जो यदि संभव हो तो कभी किसी विदेशी उपकरण को देश में नहीं आने देते, जब तक कि उसके साथ प्रौद्योगिकी का पूर्ण हस्तांतरण सम्मिलित न हो।" ऐसा किसने कहा था?

(क) डॉ. राजा रमन्ना ने

(ख) सी.वी. रमन ने

(ग) वाइस एडमिरल बी. भूषण ने

(घ) सुब्रमण्यम चंद्रशेखर ने

994. डॉ. आर. गोपालस्वामी से डॉ. कलाम की पहली मुलाकात कब हुई थी?

(क) सन् 1974-75 में (ख) सन् 1977 में

(ग) सन् 1976 में (घ) सन् 1973-74 में

उत्तर के लिए कृपया पृष्ठ सं. 184 देखें।

995. डॉ. कलाम ने आर. गोपालस्वामी से व्यापक राष्ट्रीय सुरक्षा के लिए एकीकृत पूर्ण नीतियों, प्रौद्योगिकियों तथा मिशनों पर एक विशेषज्ञ समिति का अध्यक्ष बनने का अनुरोध कब किया था?

(क) नवंबर 1997 में (ख) दिसंबर 1997 में

(ग) नवंबर 1998 में (घ) अक्तूबर 1996 में

996. डॉ. कलाम ने गोपालस्वामी से भारत सहस्राब्दी मिशन-2020 को रक्षा मंत्री और प्रधानमंत्री के समक्ष किस तिथि को रखे जाने का अनुरोध किया?

(क) 2 दिसंबर, 1999 को (ख) 2 दिसंबर, 1998 को

(ग) 18 अगस्त, 1998 को (घ) 13 जनवरी, 1999 को

997. डॉ. लजेर मैथ्यू को डॉ. कलाम के साथ कितने समय तक रहने का सौभाग्य प्राप्त हुआ था?

(क) एक दशक तक (ख) पाँच वर्ष तक

(ग) एक वर्ष तक (घ) बारह वर्ष तक

998. दोनों वैज्ञानिकों की पहली मुलाकात कहाँ हुई थी?

(क) नई दिल्ली में (ख) पुणे सम्मेलन में

(ग) बेंगलुरु में (घ) डी.आर.डी.एल., हैदराबाद में

999. मानव का चंद्रमा पर कदम रखने का विचार किसने दिया?

(क) रूस के गणितज्ञ कोंस्तेतिन तिस्लोकोस्की ने

(ख) फ्रांस के वैज्ञानिक पॉल जेरिक ने

(ग) अमेरिका के फ्रेडरिक टेलर ने

(घ) उपर्युक्त कोई नहीं

1000. मिसाइलमैन डॉ. कलाम की सेवानिवृत्ति के बाद मिसाइल कार्यक्रम को गति देनेवाली महिला वैज्ञानिक का क्या नाम है?

(क) कादंबिनी गांगुली (ख) चंद्रमुखी बासु

(ग) डॉ. गारिया लिसेरे डिसूजा (घ) टेसी थॉमस

□

उत्तर के लिए कृपया पृष्ठ सं. 184 देखें।

उत्तर माला

1. (क) तमिलनाडु
2. (ख) रामेश्वरम्
3. (ग) जैनुलाबदीन
4. (घ) केवल अनौपचारिक शिक्षा
5. (क) आशियम्मा
6. (ख) घरेलू महिला
7. (ग) मसजिदवाली गली
8. (घ) केले के पत्ते पर
9. (क) पैदल 10 मिनट
10. (ख) पं. लक्ष्मण शास्त्री
11. (ग) सुबह 4 बजे नमाज पढ़ने के साथ
12. (घ) नारियल तोड़ने का
13. (ख) तीर्थयात्रियों के लिए
14. (घ) जोहरा
15. (क) अहमद जलालुद्दीन
16. (ख) पामबान पुल
17. (ग) करीब पंद्रह साल
18. (ख) अद्वितीय वक्ता
19. (घ) आजाद
20. (क) शारीरिक तौर पर ऊर्जावान्
21. (ख) जलालुद्दीन
22. (ग) एस.टी.आर. मानिकम
23. (घ) भाई शम्सुद्दीन
24. (क) अखबारों के एकमात्र वितरक थे
25. (ख) 1,000 प्रतियाँ
26. (ग) दिनमणि
27. (घ) आठ साल
28. (क) रामेश्वरम् स्टेशन पर गाड़ी का ठहरना बंद हो गया
29. (ख) चलती ट्रेन से गिराए जानेवाले अखबारों के बंडल एकत्र करने से
30. (ग) भाई शम्सुद्दीन से
31. (घ) तालाब के बीच में स्थित विवाह-स्थल
32. (क) सुब्रह्मण्यम अय्यर
33. (ख) रामनाथपुरम् के श्वार्ट्ज हाई स्कूल में
34. (ग) तकरीबन 50,000
35. (घ) तीन माह के भीतर परिपक्व आयु (103 और 93 वर्ष में) में माता-पिता का गुजर जाना।
36. (घ) उनके प्राइमरी शिक्षक श्री सुब्रह्मण्य अय्यर ने
37. (घ) उनके हाई स्कूल के शिक्षक अन्नादुरै सोलोमन ने
38. (क) मुस्तफा कलाम
39. (ख) रामनाथ शास्त्री, अरविंदन

और शिव प्रकाशन
40. (घ) प्रतियोगिता से अधिक सर्वोदय के दर्शन में
41. (क) पिता से
42. (घ) उनकी माँ ने
43. (ग) एक दिन मैं भी इन पक्षियों की तरह आकाश में उड़ान भरूँगा
44. (ख) अहमद जलालुद्दीन से
45. (घ) कलाम की अध्यात्म में अटूट आस्था है
46. (ग) उनके बहनोई जलालुद्दीन
47. (क) 8 वर्ष
48. (घ) श्रमेव सिद्धांत
49. (ख) पेरियार ई.वी. स्वामी
50. (क) दिनमणि
51. (ग) अपने पिता जलालुद्दीन और भाई शम्सुद्दीन
52. (घ) शिव सुब्रह्मण्यम अय्यर
53. (ख) रामानंद शास्त्री
54. (ग) कक्षा सात में
55. (ख) ढीठ होकर जवाब देने पर
56. (क) गणित के अध्यापक श्री रामकृष्ण अय्यर ने
57. (घ) उनकी माँ से
58. (ग) रामनाथपुरम् के लिए जाने से पहले रामेश्वरम् रेलवे स्टेशन पर
59. (क) कलेक्टर
60. (ख) कलाम के शिक्षक अन्नादुरै सोलोमन
61. (घ) शाकाहारी मेस का सचिव
62. (क) उसकी जड़
63. (ग) जॉन मिल्टन, शेक्सपियर, वर्ड्सवर्थ
64. (घ) फादर टी.एन. सेक्युरिया और फादर कलाथिल के
65. (ख) बहन जोहरा ने
66. (ग) 1,000 रुपए की
67. (ख) प्रो. स्पांडर, प्रो. के.ए.वी. पनदलाई और प्रो. नरसिंह राव
68. (घ) प्रो. स्पांडर
69. (क) प्रो. स्पांडर
70. (ख) प्रो. के.ए.वी. पनदलाई
71. (क) करीब से हमला करनेवाले विमान का डिजाइन तैयार करने का
72. (घ) प्रो. श्रीनिवासन
73. (ख) आओ, अपना खुद का विमान बनाएँ
74. (ग) आनेक विकटन
75. (क) जब उन्हें इंजीनियरिंग में स्नातक की डिग्री मिली
76. (ग) 1,000 रुपए
77. (ख) उनकी बहन जोहरा ने
78. (ग) पिताजी जब मेरी उम्र के थे तब कैसे थे
79. (ग) एम.एस. सुब्बुलक्ष्मी ने
80. (घ) लययुक्त रागम-तानम-पल्लवी शैली
81. (ख) कर्नाटक संगीत की आवाज और पहचान
82. (क) एम.एस. सुब्बुलक्ष्मी द्वारा गाए गए भक्ति गीत 'वेंकटेश्वर सुप्रभातम्'
83. (घ) उनकी सादगी ने

84. (ग) दुनिया भर की शोहरत के बावजूद कृत्रिमता उन्हें छू भी नहीं सकी
85. (क) कुरई ओनरम इल्लई··· (प्रभु, मुझे कोई मलाल नहीं
86. (क) दस वर्ष की उम्र में तेज बुखार आया
87. (क) उनके बहनोई अहमद जलालुद्दीन का निधन
88. (ख) सौ साल से ज्यादा
89. (घ) वाई.एस. राजन का
90. (ख) 1976 में
91. (ग) 102 वर्ष तक
92. (क) 15 पोते–पोतियाँ, 1 परपोता
93. (क) उनकी माँ का निधन हो गया
94. (घ) बैडमिंटन
95. (ख) श्री शिव सुब्रमण्यम अय्यर
96. (ग) सन् 1941 में
97. (घ) आसमान में पक्षी के उड़ने का स्पष्टीकरण
98. (क) एयरोनॉटिकल इंजीनियरिंग
99. (घ) प्रो. स्पांडर
100. (ख) द्वितीय विश्वयुद्ध के दौरान नाजियों ने
101. (घ) डॉ. कुर्त टैंक
102. (ख) वैमानिकी इंजीनियरिंग
103. (क) जर्मनी के एक सीटवाले लड़ाकू विमान 'फोक वुल्फ' का
104. (ग) हिंदुस्तान एयरोनॉटिक लिमिटेड, बेंगलुरु
105. (घ) भारत के पहले लड़ाकू विमान एच.एफ.24 मारुत का
106. (ग) एयरो स्ट्रक्चर डिजाइन ऐंड एनालिसिस
107. (क) गणितज्ञ
108. (ख) सैद्धांतिक वैमानिकी
109. (ख) नीचे आकर करीब से हमला करनेवाले लड़ाकू विमान के डिजाइन तैयार करने में
110. (घ) एम.आई.टी. के निदेशक
111. (ख) एच.ए.एल., बेंगलुरु
112. (घ) पिस्टन इंजन एवं टरबाइन इंजन की मरम्मत
113. (ग) भारतीय वायुसेना एवं रक्षा मंत्रालय के डी.आर.डी.ओ. में
114. (क) देहरादून में
115. (घ) दिल्ली में
116. (ख) दिल्ली में
117. (ग) देहरादून में
118. (घ) स्वामी शिवानंद से
119. (क) स्वामी शिवानंद से
120. (ख) डी.टी.डी. ऐंड पी. (एयर) से
121. (ग) वरिष्ठ वैज्ञानिक सहायक
122. (घ) 250 रुपए
123. (क) 1958 में
124. (ख) आर. वरदराजन
125. (घ) पराध्वनिक लक्ष्यभेदी विमान का डिजाइन तैयार करने में
126. (ग) एयरक्राफ्ट ऐंड आमीमेंट टेस्टिंग यूनिट, कानपुर
127. (क) एम.के.1 विमान के परीक्षण का कार्य
128. (घ) वैमानिकी विकास प्रतिष्ठा (ए.डी.ई.), बेंगलुरु

129. (ख) स्वदेशी हॉवरक्राफ्ट (मँडरानेवाले वाहन) का डिजाइन तैयार और विकास करना था
130. (ग) वी.के. कृष्णमेनन
131. (घ) भगवान् शिव के वाहन के प्रतीक-स्वरूप 'नंदी'
132. (क) यह देखने के लिए नहीं बना है, इसके साथ उड़िए
133. (ख) 550 किलोग्राम
134. (ग) 40 मिमि. वायुदाब पर उड़ सकने की क्षमता
135. (घ) प्रो. एम.जी.के. मेनन
136. (क) 'नंदी' हॉवरक्राफ्ट में
137. (ख) इंडियन कमेटी फॉर स्पेस रिसर्च
138. (ग) रॉकेट इंजीनियर के पद के लिए
139. (घ) बंबई
140. (क) डॉ. विक्रम साराभाई
141. (ग) प्रो. एम.जी.के. मेनन और परमाणु ऊर्जा आयोग के तत्कालीन उपसचिव श्री सर्राफ
142. (ख) मौजूदा योग्यता या कुशलता से इतर संभावनाओं की तलाश से संबंधित
143. (घ) रॉकेट इंजीनियर के पद पर
144. (ग) टी.आई.एफ.आर. में कंप्यूटर केंद्र में कंप्यूटर प्रशिक्षण
145. (क) केरल में त्रिवेंद्रम के पास थुंबा गाँव में
146. (ख) भौतिक अनुसंधान प्रयोगशाला, अहमदाबाद के डॉ. चिटनिस ने
147. (घ) क्योंकि यह स्थान पृथ्वी के चुंबकीय अक्ष के सबसे नजदीक था
148. (क) छह सौ एकड़
149. (ग) के. माधवन नायर
150. (क) सेंट मेरी मेडेलेन चर्च में
151. (ख) अमेरिका में नासा
152. (घ) छह महीने का
153. (ग) लैंगले रिसर्च सेंटर से
154. (क) वर्जीनिया राज्य के हैंपटन शहर के पास
155. (घ) अत्याधुनिक एयरो स्पेस टेक्नोलॉजी के लिए शोध एवं विकास का प्राथमिक केंद्र
156. (ख) नवंबर 1963 में
157. (ग) 21 नवंबर, 1963 को
158. (क) नाइक-अपाची
159. (ग) गुंजायमान रॉकेट (साउंडिंग रॉकेट)
160. (ख) नासा में
161. (क) थुंबा इक्वेटोरियल रॉकेट लॉन्च स्टेशन
162. (ग) रोहिणी साउंडिंग रॉकेट (आर.एस.आर.) कार्यक्रम से
163. (ख) वायुमंडल के ऊपरी क्षेत्रों सहित पृथ्वी के आस-पास के वातावरण का पता लगाने के काम आते हैं
164. (क) उसमें करीब 32 किलोग्राम वजन की एक ठोस प्रणोदन मोटर लगी थी

165. (घ) 10 किलोमीटर की ऊँचाई पर
166. (ग) अंग्रेजों द्वारा सन् 1799 में टीपू सुल्तान के मारे जाने के बाद
167. (ख) 700 से ज्यादा
168. (क) 27 ब्रिगेड
169. (ग) एक रॉकेट कंपनी, जिसे जर्क्स नाम दिया गया था।
170. (ख) ब्रिटेन
171. (घ) विलियम काग्रेव
172. (क) उस समय कोई पेटेंट कानून नहीं था
173. (ग) 150 वर्ष तक
174. (ख) 1903 में कोंस्तेतिन तिसिओलसेवस्की ने
175. (घ) 1914 में रॉबर्ट गॉडर्ड ने
176. (क) 1923 में इरमेने ओबर्थ ने
177. (ग) पूर्व प्रधानमंत्री जवाहरलाल नेहरू को
178. (ख) प्रो. साराभाई ने
179. (क) फरवरी 1969 में थुंबा में
180. (घ) तत्कालीन प्रधानमंत्री इंदिरा गांधी द्वारा
181. (ख) 20 नवंबर, 1967 को
182. (घ) राटो मोटर्स की
183. (ग) परियोजना शुरू होने के बारहवें महीने में
184. (ख) चार महीने में 64 परीक्षण
185. (क) 20
186. (घ) 1969 में
187. (ग) पूर्वी तटीय क्षेत्र का
188. (ख) चेन्नई से 100 किलोमीटर उत्तर श्रीहरिकोटा
189. (क) अर्द्धचंद्राकार
190. (ग) आठ किलोमीटर
191. (घ) बकिंघम नहर एवं पुलिकट झील
192. (क) 1968 में
193. (ख) परमाणु ऊर्जा विभाग
194. (क) देश में अंतरिक्ष विज्ञान के क्षेत्र में शोध करना
195. (ग) डॉ. कलाम को
196. (घ) एस.एल.वी. के चौथे चरण का डिजाइन
197. (ख) प्रो. साराभाई को
198. (क) दिल्ली में
199. (ग) त्रिवेंद्रम हवाई अड्डे पर इंतजार करने के लिए
200. (ख) हवाई जहाज की सीढ़ी चलानेवाले ऑपरेटर कुट्टी ने
201. (घ) अहमदाबाद में
202. (क) करीब बाईस वैज्ञानिकों ने
203. (ग) प्रो. एम.जी.के. मेनन ने
204. (ख) प्रो. सतीश धवन को
205. (क) विक्रम साराभाई स्पेस सेंटर (वी.एस.एस.सी.)
206. (ग) प्रसिद्ध धातु-विज्ञानी डॉ. ब्रह्मप्रकाश
207. (ख) 8 अक्तूबर, 1972 को
208. (घ) बरेली एयरफोर्स स्टेशन पर
209. (क) सुखोई-16 विमान पर
210. (ख) लगभग पच्चीस लाख
211. (ग) सत्रह हजार रुपए
212. (घ) तैंतीस हजार रुपए प्रति मोटर
213. (ग) जिन विमानों के लिए इसे डिजाइन किया गया था, वे पुराने हो चुके थे

214. (क) डॉ. बी.डी. नाग
215. (ख) एक उद्योगपति वैज्ञानिक
216. (ग) कई सफल औद्योगिक प्रतिष्ठानों के संस्थापक
217. (घ) साराभाई केमिकल्स
218. (ग) साराभाई इंजीनियरिंग ग्रुप
219. (ग) कमल ऑयल मिल्स
220. (ख) पेनिसिलीन
221. (क) एस.एल.वी. का परियोजना प्रबंधक
222. (ख) 8.6 टन वजन की रॉकेट मोटर प्रणाली तैयार करने का
223. (ख) यान प्रक्षेपण सुविधाओं को विकसित करने की
224. (घ) चौंसठ महीने में
225. (ग) 275
226. (क) एस.एस.आर. देव
227. (घ) माधवन नायर
228. (ख) करीब दो किलोमीटर प्रातः-कालीन भ्रमण से
229. (ख) दिन भर के कार्यक्रम बनाते थे
230. (क) 1972 में
231. (ग) डेविल
232. (ख) पाँच करोड़ रुपए
233. (घ) नारायणन को
234. (ख) हैदराबाद के दक्षिण-पूर्व उपनगर में
235. (घ) जून 1974 में
236. (क) जटिल प्रणालियों का परीक्षण करना
237. (ख) तत्कालीन प्रधानमंत्री इंदिरा गांधी ने
238. (ग) 24 जुलाई, 1974 को
239. (घ) 1978 में
240. (ख) फ्रांस में
241. (घ) डायामांट की भाँति
242. (ग) फोन ब्रोन
243. (ख) फोन ब्रोन
244. (ग) आई.आर.बी.एम. (इंटरमीडिएट रेंज बैलिस्टिक मिसाइल)
245. (घ) तीन हजार किलोमीटर
246. (क) चेन्नई में
247. (ख) थुंबा
248. (ग) वी-2 मिसाइल रॉकेट
249. (क) 1920 में वी.एफ.आर. में
250. (ख) एवरो एयरक्रॉफ्ट से
251. (घ) नाइट्रिक एसिड (आर.एफ.एन.ए.) का टैंक फट गया
252. (क) 6
253. (ग) शिव रामकृष्णन
254. (ख) सन् 1979 में
255. (घ) 10 अगस्त, 1979
256. (क) श्रीहरिकोटा प्रक्षेपण केंद्र में पूर्णरूप से समेकित प्रक्षेपण यान विकसित करना
257. (क) 23 मीटर लंबा
258. (ग) सुबह 7.58 मिनट पर
259. (ख) 17 टन
260. (घ) नवंबर 1979 में
261. (ग) 18 जुलाई, 1980 को सुबह 8.03 मिनट पर
262. (ख) प्रो. विक्रम साराभाई को
263. (क) प्रो. विक्रम साराभाई को
264. (घ) इसी श्रेणी का परिचालन

उपग्रह प्रक्षेपण यान तैयार करना

265. (ख) 'अग्नि' के रूप में
266. (घ) एस.एल.वी.-3 डी-1 के रूप में 31 मई, 1981 को
267. (क) नियंत्रण कक्ष के बाहर से
268. (ख) जनवरी 1981 में हाई एल्टीट्यूड लैबोरेटरी, देहरादून में
269. (ग) प्रो. राजा रमन्ना
270. (क) डी.आर.डी.एल. जाकर गाइडेड मिसाइल विकास कार्यक्रम की जिम्मेदारी सँभालने का प्रस्ताव
271. (घ) सन् 1981 में
272. (ख) प्रो. यू.आर. राव के सचिव महादेवन ने
273. (ग) प्रो. धवन का
274. (क) 1 जून, 1982 को
275. (क) इंटीग्रेटेड गाइडेड मिसाइल डेवलपमेंट कार्यक्रम
276. (घ) अप्रैल 1982 में
277. (ग) एस.एल. बंसल
278. (ख) 'डॉक्टर ऑफ साइंस' की मानद उपाधि से
279. (ख) फरवरी 1982 में
280. (क) डॉ. वी.एस. अरुणाचलम
281. (ख) रक्षा मंत्री की सिफारिश पर कैबिनेट से
282. (ग) 388 करोड़ रुपए
283. (घ) पृथ्वी
284. (ख) त्रिशूल
285. (घ) आकाश
286. (क) नाग
287. (ख) अग्नि
288. (ग) 27 जुलाई, 1980 को
289. (ख) डॉ. अरुणाचलम ने
290. (क) 18 जुलाई, 1980 को
291. (घ) कर्म जीवन का दूसरा महत्त्वपूर्ण दिन
292. (क) कर्नल वी.जे. सुंदरम के साथ
293. (ख) भारतीय सेना में ई.एम.ई. कोर में थे
294. (घ) एयरोनॉटिकल इंजीनियरिंग में स्नातकोत्तर और मेकैनिकल वाइब्रेशन के विशेषज्ञ
295. (ख) स्ट्रक्चर्स ग्रुप के प्रमुख
296. (क) जिसे इलेक्ट्रॉनिक्स एवं मिसाइल युद्ध की ठोस जानकारी हो
297. (ग) कमांडर एस.आर. मोहन को
298. (घ) आर.एन. अग्रवाल का
299. (ख) डी.आर.डी.एल. में वैमानिकी परीक्षण सुविधाओं का प्रबंधन
300. (क) प्रह्लाद को
301. (ग) एन.आर. अय्यर का
302. (ख) 3 जनवरी, 1984 को
303. (घ) 26 जून, 1984 को
304. (ग) 19 जुलाई, 1984 को
305. (ख) जून 1987 में
306. (घ) रक्षा सचिव
307. (क) शेषन डॉ. कलाम को पूरा नाम लेकर पुकारते थे
308. (ग) पाँचवाँ
309. (ख) हैदराबाद में
310. (घ) सन् 1985 की गरमियों तक

311. (क) 3 अगस्त, 1985 को
312. (ग) प्रधानमंत्री राजीव गांधी ने
313. (घ) डॉ. अरुणाचलम
314. (ख) 16 सितंबर, 1985 को
315. (क) श्रीहरिकोटा स्थित परीक्षण रेंज से 'त्रिशूल' को छोड़ा गया
316. (ग) ठोस ईंधन का
317. (घ) पायलट-रहित लक्ष्य विमान (पी.टी.ए.) का
318. (क) बेंगलुरू स्थित एयरोनॉटिकल डेवलपमेंट एस्टेब्लिशमेंट में
319. (ख) कुरुप
320. (ग) 25 फरवरी, 1988 को दिन में 11.23 मिनट पर
321. (क) युगांतरकारी घटना
322. (ख) 150 किलोमीटर तक
323. (घ) 1,000 किलोग्राम
324. (ग) 50 सी.ई.पी.
325. (क) 20 अप्रैल, 1989 को
326. (घ) यह असफल रहा
327. (ख) इसे तरह-तरह से उछाला गया
328. (ग) 1 मई, 1989
329. (क) 22 मई, 1989
330. (घ) के.सी. पंत
331. (ख) आर.सी.सी. में 1 लाख छोटे पौधे लगाने का
332. (ग) 2,000 किलोमीटर से अधिक
333. (ख) ब्रह्मोस सुपरसॉनिक क्रूज मिसाइल
334. (क) कार्बन-कार्बन
335. (घ) श्री अटल बिहारी वाजपेयी
336. (ग) अपने पिता के
337. (ख) नाग
338. (ख) सितंबर 1988 में
339. (क) वर्ष 1990 में
340. (ग) डॉ. अरुणाचलम को
341. (क) 'आकाश' की परीक्षण उड़ान से
342. (क) 30 सितंबर, 2001 को
343. (ख) 1963 से 1982 के दौरान
344. (घ) सन् 1982 में रक्षा अनुसंधान एवं विकास संगठन से
345. (ग) नवंबर 1999 में
346. (ख) 12 अक्तूबर, 2001 को
347. (घ) 476 ई. में कुसुमपुरा (पटना) में
348. (क) आर्यभट्ट
349. (ग) डॉ. डी.एस. कोठारी
350. (क) सन् 1930 से 1939 के दौरान
351. (ख) 1939 में बेंगलुरू स्थित इंडियन इंस्टीट्यूट ऑफ साइंस से
352. (घ) डॉ. भाभा ने
353. (ख) 1948
354. (ग) डॉ. साराभाई ने
355. (ग) सन् 1963
356. (क) डॉ. साराभाई ने
357. (ग) सन् 1962 से
358. (घ) भूमध्य रेखा के आस-पास
359. (ख) केरल में थुंबा को
360. (क) सन् 1963 से 1971 तक
361. (ग) तिरुअनंतपुरम् अंतरिक्ष केंद्र में
362. (घ) 1990 के दशक में
363. (ख) डॉ. येफ्रोमोफ ने
364. (क) उन प्रौद्योगिक केंद्रों में, जो आमतौर पर विदेशियों को नहीं

दिखाए जाते हैं

365. (ग) ब्रह्मोस
366. (घ) ब्रह्मपुत्र एवं मास्को नदियों के नाम पर
367. (ख) चाँदीपुर से
368. (ग) 12 जून, 2001 को
369. (क) 28 अप्रैल, 2002 को
370. (घ) उड़ीसा में बालासोर के निकट
371. (क) 16 किलोमीटर
372. (ख) 234 किलोमीटर
373. (ख) चंडी यानी दुर्गा का निवास
374. (घ) तीन किलोमीटर तक
375. (ग) प्रौद्योगिकी तथा उनके विविध आयाम
376. (घ) सही नहीं था
377. (क) डॉ. सेन शायद भारत को पश्चिम के नजरिए से देखते हैं
378. (ग) अतीत के अनुभवों को ध्यान में रखते हुए
379. (ख) एडमिरल एल. रामदास
380. (ग) पहले उन लोगों को चीन व अमेरिका के सामने प्रदर्शन करना चाहिए
381. (ग) 74 प्रतिशत
382. (ख) 62 प्रतिशत
383. (घ) 50 प्रतिशत
384. (क) अक्तूबर 2000 में
385. (ग) बेंगलुरू में सचल हृदय जाँच क्लीनिक के उद्‌घाटन पर
386. (ख) विप्रो–जेई, केयर फाउंडेशन तथा कलेनजेड्स
387. (क) डॉ. कलाम के मित्र अरुण तिवारी ने
388. (ग) ज्ञानवान समाज
389. (घ) कृषि व खाद्य प्रसंस्करण
390. (क) ऊर्जा
391. (ग) शिक्षा और स्वास्थ्य रक्षा
392. (ख) सूचना प्रौद्योगिकी
393. (ग) सामरिक महत्त्व
394. (घ) टाइफेक
395. (क) प्रो. एस.के. सिन्हा
396. (ग) आँखों की जाँच एवं इलाज कराने हेतु
397. (ख) डॉ. जी. नचियार ने
398. (क) काउंटर पर तैनात लड़की ने भुगतान का चेक स्वीकार करने से मना कर दिया
399. (क) डॉ. कलाम के सुरक्षाकर्मी द्वारा बाद में पूछताछ करने पर
400. (ग) डॉ. नचियार के भाई डॉ. जी. वेंकटस्वामी कलाम के अच्छे दोस्त थे
401. (घ) 13 लाख मरीज
402. (क) 1 लाख, 90 हजार ऑपरेशन
403. (ग) 1,500
404. (क) एक अनुभवी शल्य चिकित्सक
405. (ख) 15 अक्तूबर, 2000 को
406. (ग) डॉ. कलाम के पोन ग्रुप के दोस्तों ने
407. (क) महात्मा गांधी
408. (ग) पारदर्शिता
409. (घ) डॉ. कलाम सुरक्षित हैं या नहीं
410. (ख) 86 वर्ष

411. (ग) बेरिलियम डायफ्रामो की
412. (क) उड़ान के दौरान रॉकेटों या मिसाइलों की ऊँचाई का पता लगानेवाले सेंसरों में
413. (ख) एस.एल.वी.-3 परियोजना की
414. (क) 20 करोड़
415. (ख) सात वर्ष
416. (ग) इतनी महत्त्वपूर्ण परियोजना के लिए उन्हें ही क्यों चुना गया
417. (घ) वे सोच रहे थे कि यह कैसे कर पाएँगे
418. (क) असफलता के वास्तविक कारणों को खोजा और उनका बारीकी से विश्लेषण किया
419. (ख) श्री एम.आर. कुरुप
420. (ग) जी. माधवन नायर
421. (घ) 125 वैज्ञानिकों एवं अन्य कर्मियों से
422. (क) 200 से अधिक आँकड़ों का
423. (ख) वातानुकूलन संयंत्र खराब होना एवं प्रक्षेपण से पहले ही ऊर्जा नियंत्रण संयंत्र के वॉल्व तक धूल पहुँचना
424. (ग) सभी संयंत्रों की गहन जाँच के बाद ही उसे प्रयोग में लाया जाए
425. (ख) 20 अप्रैल, 1989 को
426. (क) टी-14 सेकंड पर कंप्यूटर ने होल्ड का इशारा किया
427. (घ) कोई उपकरण सही काम नहीं कर रहा है
428. (ग) 1 मई, 1989
429. (ख) कंप्यूटर ने स्वचालित जाँच के समय टी-10 सेकंड पर 'रुकने' का इशारा किया
430. (घ) पी.वी. नरसिम्हा राव एवं अटल बिहारी वाजपेयी
431. (ख) आर. रामनाथन को
432. (क) रक्षा उत्पादन विभाग में संयुक्त सचिव तथा वित्तीय सलाहकार
433. (क) मुख्य चुनाव आयुक्त टी.एन. शेषन से
434. (ग) बेलारूस की राजधानी मिंक्स
435. (ख) हैदराबाद में
436. (क) वे यह पता लगाना चाहते थे कि भारत बेलारूस से प्रौद्योगिकी हासिल करने के लिए कितना खर्च कर सकता है
437. (ग) 0 से भी 10 डिग्री कम तापमान पर
438. (ग) ट्रेन से
439. (घ) जिस कूपे में वे थे, उसे अंदर से उन्होंने बंद कर रखा था और चाबी रामनाथन के पास थी तथा कलाम सुबह उठकर उनके जागने का इंतजार कर रहे थे।
440. (घ) रक्षा शोध परिषद् की बैठक में शामिल थे
441. (क) छतरीनुमा रोटोडोमवाला एक रिसर्च एयरक्राफ्ट अरक्कोणम नेवल बेस पर दुर्घटनाग्रस्त हो गया
442. (ख) चार वैज्ञानिकों और चार

वायुसेना अधिकारियों की मृत्यु हो जाने से

443\. (घ) व्यक्तिगत हस्तक्षेप करते हुए रक्षा मंत्री से एयर क्लियरेंस प्राप्त करते हुए हेलीकॉप्टर से दिल्ली भेजा

444\. (ख) कृपया किसी सहयोग की आवश्यकता पड़ने पर मुझे लिखने में न हिचकिचाएँ

445\. (क) किरगिस्तान में

446\. (घ) एक अधिकारी की मृत्यु हो जाने से

447\. (ग) मॉस्को में भारतीय राजदूत रोनेन सेन से बातचीत की और दिल्ली से वायुसेना के विमान से शव को विशाखापत्तनम भेजने की व्यवस्था

448\. (ख) किरगिस्तान से अगले दो दिनों तक भारत के लिए सीधी विमान सेवा का न होना

449\. (घ) सात विपत्तियों के दौरान

450\. (ग) तीन वैज्ञानिकों की टीम ने

451\. (ख) 20 हजार लीटर प्रतिदिन की क्षमतावाले आठ अल्ट्रा वाटर प्यूरीफिकेशन सिस्टम लगाए

452\. (घ) कार्यक्रम छोटा करके अपनी यात्रा शीघ्र समाप्त करने की संभावना तलाशते हैं

453\. (ख) वैज्ञानिकों को विदेश जाने के लिए प्रोत्साहित करते हैं

454\. (घ) ताकि वे सभी उपलब्ध नई सूचनाओं की जानकारी रख सकें

455\. (क) लगभग 7 करोड़

456\. (ग) डी.आर.डी.ओ. के डिफेंस रिसर्च काउंसिल की बैठक

457\. (ग) लोक लेखा समिति या संसद् की स्थायी समिति की बैठक में

458\. (ख) वे (मंत्री) ही उनके बॉस हैं

459\. (क) मुलायम सिंह यादव ने

460\. (ग) हिंदी में

461\. (ग) कलाम के लिए उसे अंग्रेजी में अनुवाद किया जाता

462\. (घ) अंग्रेजी में

463\. (क) दुभाषिए के माध्यम से

464\. (क) 25 प्रौद्योगिकी विजन 2020 रिपोर्ट

465\. (ख) 2 अगस्त, 1996 को

466\. (घ) समकालीन इंजीनियरिंग की

467\. (ग) अपनी टीम के सदस्यों, वैज्ञानिकों व सहयोगियों का मनोबल ऊँचा रखना

468\. (ख) पूरे स्टाफ को मौद्रिक पुरस्कार देने के लिए सरकार को सहमत किया

469\. (घ) आकर्षक नकद राशिवाले पुरस्कारों की प्रक्रिया शुरू की

470\. (ख) डॉ. सतीश धवन ने

471\. (क) प्रधानमंत्री के समक्ष बिना सूट और जूते पहने कैसे जा सकता हूँ

472\. (घ) इस बारे में चिंता करने की जरूरत नहीं है, तुमने विजय का परिधान पहन रखा है

473\. (घ) अटल बिहारी वाजपेयी

474. (घ) प्रधानमंत्री के प्रमुख वैज्ञानिक सलाहकार
475. (घ) प्रो. के.वी. पंडालाई ने
476. (क) मद्रास इंस्टीट्यूट ऑफ टेक्नोलॉजी में
477. (ग) आदान-प्रदान सुनिश्चित करने की 100 प्रतिशत व्यवस्थित कला
478. (ख) सन् 1999 में
479. (घ) 12 जून, 2001 को
480. (ग) 3 दिसंबर, 2002 को
481. (ख) निदेशक सम्मेलन में भाषण देने के लिए
482. (क) 'उदारीकरण-पश्च काल में बाजार में जगह बनाने के लिए संघर्ष' विषय पर
483. (ग) मिस्टर टेक्नोलॉजी ऑफ इंडिया
484. (घ) मिस्टर पेटेंट अनएजुकेटेड
485. (क) पेटेंटों और उनके महत्त्व की कम जानकारी होने के कारण
486. (ख) 50 से अधिक डी.आर.डी.ओ. प्रयोगशालाओं में पेटेंट सेल गठित करने के निर्देश दिए
487. (क) उस दिन उन्होंने सी.एस.आई.आर. के महानिदेशक का पद ग्रहण किया था
488. (घ) पुणे में
489. (ग) डॉ. कस्तूरीरंगन, डॉ. चिदंबरम तथा डॉ. कलाम
490. (क) लखनऊ में
491. (ख) सेंट फ्रांसिस अस्पताल, अजमेर के निदेशक डॉ. लजेर मैथ्यू के बुलावे पर
492. (ख) 27 जुलाई, 2000 को विज्ञान भवन परिसर में
493. (ख) नवप्रवर्तनों को प्रयोगशाला से धरती तक लाने तथा विज्ञान के लाभ के लिए इस्तेमाल करने में विश्वास
494. (ग) 1994 के केंद्रीय बजट में
495. (क) सितंबर 1996 में
496. (घ) 30 करोड़ रुपए
497. (ख) आवंटित रकम पर्याप्त नहीं थी
498. (ग) 70 करोड़ रुपए
499. (ख) कल्याणी विश्वविद्यालय
500. (घ) टी.के. घोषाल को
501. (क) सन् 1993 में
502. (ख) 1990 में
503. (घ) मिसाइलमैन
504. (ग) 550 किलोग्राम
505. (घ) वी.के. कृष्णमेनन
506. (क) रक्षा मंत्रालय ने इसे बंद करा दिया
507. (ख) 50.5 प्रतिशत
508. (घ) रूसी योगदान को रूसी ऋण के भारतीय भुगतान द्वारा पूरा किया जा रहा है।
509. (क) परिवहन (सुपरसोनिक) क्रूज मिसाइल
510. (ग) विमानभेदी
511. (घ) तट आधारित रेडियो-कंट्रास्ट लक्ष्यों को भी निशाना बनाने

की क्षमता है
512. (घ) ऊर्ध्वाधर या झुकी हुई अवस्था में
513. (ख) लगभग 700 मिलीमीटर
514. (ग) वर्ष 1908 से
515. (घ) सन् 1893 में
516. (ख) सन् 1997 में
517. (क) डिफेंस फूड रिसर्च लैबोरेटरी
518. (ग) तीन प्रयोगशालाएँ
519. (घ) डी.ए.आर.एल, एफ.आर.एल., डी.आर.एल.
520. (ख) हिमालयन लैब
521. (ग) 13 दिसंबर, 1997 को
522. (क) जवाहरलाल नेहरू टेक्नोलॉजिकल यूनिवर्सिटी, हैदराबाद
523. (घ) बाबा साहब अंबेडकर मराठवाड़ा वि.वि. और विश्व भारती, शांति निकेतन ने
524. (ख) इंजीनियरिंग में 'लाइफ टाइम कंट्रीब्यूशन अवार्ड'
525. (ग) निष्ठा के साथ काम करना और निष्ठा के साथ सफल होना
526. (घ) 250 रुपए प्रति माह
527. (ख) आर. वरदराजन
528. (क) एम.के.-1
529. (ग) वैमानिकी विकास प्राधिकरण
530. (घ) स्वदेशी हॉवरक्रॉफ्ट (मँडराने वाला विमान)
531. (ग) रामेश्वरम् के शिव मंदिर के प्रमुख पुजारी पं. लक्ष्मण शास्त्री ने
532. (घ) भारतीय अंतरिक्ष अनुसंधान परिषद् से
533. (ख) रॉकेट इंजीनियर के रूप में
534. (क) थुंबा गाँव में, 1962 में
535. (घ) सेंट मेरी मैगडेलन चर्च
536. (ख) वैलप फ्लाइट फैसिलिटी
537. (ग) श्रम संस्कृति
538. (क) टीपू सुल्तान
539. (घ) अवज्ञा रूपी अहंकार
540. (ख) जागरूक पुरुष
541. (ग) डी. ईश्वर दास और आर. अर्वामुदन
542. (घ) ईश्वर दास ने
543. (ख) 27 ब्रिगेड थीं, उन्हें कुशून कहा जाता था
544. (क) फ्रांस, अमेरिका और सोवियत संघ
545. (ख) श्रीमती इंदिरा गांधी ने
546. (घ) स्वदेशी मिसाइल कार्यक्रम को लेकर
547. (क) मिसाइलों की
548. (ख) 20
549. (ग) 12वें महीने में
550. (घ) ईश्वर दास
551. (क) श्रीमती इंदिरा गांधी ने
552. (ग) उनका अपने साथियों पर अटूट विश्वास और उनमें उत्साह जगाए रखने की कला
553. (घ) जर्मनी के महान् अंतरिक्ष वैज्ञानिक वर्नहर फोन ब्रोन ने
554. (ग) डॉ. विक्रम साराभाई की
555. (ख) रक्षामंत्री श्री वेंकटरमन
556. (क) कार्य और कार्यकर्ता

557. (घ) आर.सी.आई. में एक लाख पौधों का रोपण
558. (क) राजीव गांधी ने
559. (ग) यह सोचकर कि लक्ष्य पाने के लिए उन्हें कितनी दूर चलना है
560. (ख) त्रिशूल से
561. (ग) जाधवपुर विश्वविद्यालय
562. (घ) 'आकाश' मिसाइल के लिए
563. (क) 'अग्नि'
564. (ख) उस्मानिया विश्वविद्यालय
565. (ग) 50 सी.ई.पी.
566. (ख) सिस्टम्स एप्रोच
567. (क) 12 एकड़ भूमि में 12 कृषक परिवारों के साथ
568. (ग) 55 गाँवों में
569. (क) बच्चों के तेजस्वी मस्तिष्कों की मेधाशक्ति को विकसित करना
570. (घ) बच्चों की भागीदारी
571. (ख) धरती पर सर्वाधिक शक्तिशाली
572. (क) हैदराबाद में नव-स्थापित मिसाइल रिसर्च सेंटर कॉम्प्लेक्स के लिए एक लाख पौधे
573. (ख) बड़ी-बड़ी चट्टानों से भरे एक सूखे स्थान पर
574. (घ) पक्षी अभयारण्य
575. (ग) 7 एकड़ भूमि में 2 तालाब
576. (ख) साइबेरियाई सारस
577. (ख) 90 प्रतिशत
578. (ख) 17 जुलाई, 2002 को
579. (ग) 1967 बैच के
580. (ख) बारहवें राष्ट्रपति के तौर पर
581. (ग) 25 जुलाई, 2002 को
582. (क) मुख्य न्यायाधीश बी.एन. कृपाल ने
583. (ग) काल करे सो आज कर, आज करे सो अब
584. (ग) प्रत्येक समय शुभ होता है
585. (ख) पटना की एक महिला ने
586. (ग) 175 से अधिक
587. (घ) लक्षद्वीप को छोड़कर सभी राज्यों और संघीय क्षेत्रों का
588. (ग) जुलाई 2007 में
589. (ख) भयंकर मानसून की वजह से
590. (ग) मई 2003 में
591. (घ) 29 जुलाई, 2005 को
592. (क) गुजरात से
593. (ख) दो वर्ष बाद
594. (ग) जब पूरा देश घूम लेंगे तब जाएँगे
595. (घ) फरवरी-मार्च 2002 में हुए दंगों के बाद प्रकाश में आए गुजरात से सभी जगह शांति का संदेश भेजा जा सके
596. (ग) भारतीय संविधान के अनुच्छेद 123 के तहत अध्याय 3 में
597. (ख) अगस्त 2002 में
598. (घ) कलंक लगने की बात से
599. (क) रुद्र वीणा के साथ
600. (घ) इंद्रधनुष नामक सांस्कृतिक कार्यक्रम की
601. (क) लगभग 53
602. (ख) मुगल गार्डन में

603. (घ) मई 2005 में
604. (ग) अक्तूबर 2006 में
605. (ख) 2 अप्रैल, 2004 में
606. (ख) 18,000 फीट की ऊँचाई पर
607. (क) जुलाई 2007 में
608. (ख) 8 जून, 2006 को
609. (घ) पुणे के पास लोहेगाँव हवाई अड्डे पर
610. (क) विंग कमांडर अजय राठौर
611. (ख) डरने का समय ही नहीं था, लगातार वायुयान नियंत्रण में लगा रहा
612. (घ) जो अनुयायियों को ऐसे उद्देश्यों के साथ जोड़े रखता है, जो एक संगठन या समाज में सुधार ला सकते हैं
613. (ख) जो 'सच्चे' मूल्य स्थापित कर सके
614. (ग) दूरदर्शिता, मूल्य, समझदारी, साहस, विश्वास और अभिव्यक्ति
615. (क) वर्ष 2003 में तवांग बौद्ध मठ
616. (घ) अविश्वास के कारण लोगों से प्राकृतिक खुशी छिन गई है और लोगों ने आक्रामक रवैया अपना लिया है
617. (ख) अबू बकर (पहले खलीफा 632-634)
618. (ग) इच्छा, प्रेरणा, अनुशासन और दृढ़ निश्चय
619. (ग) लाभ के पद का विधेयक संसद् को लौटाना
620. (क) नवंबर 2005 में
621. (क) सितंबर 2004 में
622. (घ) 29 अप्रैल, 2004 को
623. (ख) पदार्थ के छोटे-से-छोटे कणों के स्तर पर जोड़-तोड़ करने का विज्ञान
624. (घ) फ्रांस
625. (ग) विकिरण में न्यूटेशन कराकर
626. (क) सितंबर 2003 में
627. (घ) सितंबर 2006 में (तंजावुर)
628. (क) 2 मार्च, 2006 को
629. (ग) 3 अक्तूबर, 2003 को
630. (ग) विशाल वट वृक्ष के नीचे
631. (घ) त्रिपुरा के शिल्पकारों ने बाँस से बनाया था
632. (ख) संसार की सारी घटनाएँ किसी अनदेखी शक्ति की लीला भर नजर आती हैं
633. (घ) दूरदर्शी होना
634. (ख) गांधीजी और नेल्सन मंडेला को
635. (घ) सितंबर 2004 में
636. (क) मंडेला का जीवन मानव के अमानवीय व्यवहारों पर मानवता की विजय का प्रतीक है
637. (ग) अपने देश की जनता के लिए, एक श्रेष्ठ कार्य के लिए उन्होंने अपने जीवन का बलिदान कर दिया
638. (क) सर्वधर्म प्रार्थना सभा
639. (ग) तमिलनाडु के कांचीपुरम में पेसिवक्कम गाँव का
640. (क) दस गाँवों में कृषकों को

लगभग 30 एकड़ भूमि पर विभिन्न फसलों की खेती करने के लिए सिस्टम एप्रोच तथा प्रौद्योगिकी से प्रशिक्षित किया गया

641. (क) अस्सी साल
642. (ख) ट्रेन से
643. (क) साधारण व्यवहार
644. (घ) स्वयं डॉ. कलाम ने
645. (क) 31 अगस्त, 2004 को
646. (ख) सन् 1915 में दक्षिण अफ्रीका से लौटने पर
647. (क) अलग-अलग गुण और विचारधारा यथार्थ में आवश्यक हैं
648. (ख) सूर्य के उदय होने पर ही आसमान में पूर्व और पश्चिम का भेद होता है
649. (ग) स्वतंत्रता की माँग को राष्ट्रव्यापी आंदोलन के रूप में परिणत करने का
650. (घ) हर वर्ग को साम्राज्यवादी शक्ति के खिलाफ संघर्ष करने के लिए गतिशील करने की
651. (क) भारतीय लोगों के चेहरे पर मुसकराहट देखना
652. (ख) अपने माता-पिता के
653. (क) संपूर्ण सृष्टि को
654. (ग) दोनों से
655. (ख) प्रश्न पूछने का महत्त्व
656. (घ) उपग्रह प्रक्षेपण यान (एस.एल.वी-3 का सफल प्रक्षेपण)
657. (घ) बच्चों से बातें करके उनके सपनों को जानना
658. (क) कर्नाटक संगीत सुनना और किताबें पढ़ना
659. (ख) अध्यापक के रूप में
660. (घ) क्योंकि नीला रंग आकाश का रंग है और वे आकाश के चमत्कारों को पसंद करते हैं
661. (क) ताकतवर मस्तिष्क की सामूहिक सोच वास्तविक शक्तिशाली है
662. (ग) जब उन्होंने पोलियो-ग्रस्त बच्चे को हलके वजन के कैलिपर पहने खुशी से इधर-उधर दौड़ते देखा
663. (क) काम से प्यार करते हुए हर क्षण का आनंद लेना चाहिए
664. (ग) उनकी जरूरतें बहुत थोड़ी हैं
665. (घ) उनक प्राइमरी शिक्षक श्री सुब्रह्मण्यम अय्यर ने
666. (ख) राष्ट्र के लिए परिश्रमी और ज्ञान-संपन्न व्यक्ति, जो देश को आर्थिक रूप से सुदृढ़ बना दे
667. (क) हमेशा वर्तमान में जीना
668. (घ) एक अध्यापक
669. (क) उनके अध्यापक श्री शिव सुब्रह्मण्यम अय्यर ने
670. (घ) प्रो. सतीश धवन से
671. (ग) डॉ. विक्रम साराभाई
672. (ख) अच्छे व्यक्ति के रूप में
673. (क) किसी-न-किसी काम में व्यस्त रहते हैं

674. (घ) पूर्ण समर्पण के साथ दृढ़ रहकर
675. (ख) उनके अनुसार सफल होने का यही उपाय है
676. (घ) प्यार और हर किसी के साथ बिना भेदभाव के प्यार से व्यवहार करना
677. (क) अच्छी किताबों, अच्छे शिक्षक, अच्छे इनसान और अच्छे दोस्तों
678. (ख) संबद्ध ज्ञान की प्राप्ति, रचनात्मकता का विकास और अपने सपनों को साकार करने का साहस
679. (ख) वही करना चाहिए, जो वह स्वयं करना चाहता है
680. (घ) ज्ञान, परिश्रम और प्रयास
681. (ग) छोटे-मोटे लक्ष्यों में स्वयं को सीमित कर लेना
682. (ख) शिक्षा और मूल्य व्यवस्था
683. (क) बच्चे हमेशा नया सोचते हैं और उनमें रचनात्मकता होती है
684. (ख) लक्ष्य पाने का साहस, निर्णय लेने का साहस और निष्ठा के साथ काम करने का साहस
685. (घ) निष्ठा के साथ प्रगति करते हुए सफलता प्राप्त करो
686. (ख) दूसरों की राय की परवाह किए बिना अपनी रुचि का विषय तथा कार्य अपने लिए चुनते हैं
687. (क) काम में संतुष्टि, संबंधों में संतुष्टि, योगदान में संतुष्टि और समाज से हमें जो मिला, उससे ज्यादा उसे वापस देने की संतुष्टि का होना जरूरी है
688. (घ) अपने देश से प्यार करें और अपनी सांस्कृतिक परंपरा को भी आगे बढ़ाने का प्रयत्न करें
689. (क) देश के 54 करोड़ युवा
690. (घ) रोजगार और नौकरियाँ पैदा करनेवाले बनें, न कि माँगनेवाले
691. (क) वह शक्ति जो आकाशगंगाओं और सितारों की गतिशीलता में तालमेल रखती है
692. (ग) जानने की इच्छा
693. (घ) प्रश्नकर्ता मस्तिष्क और जानने की इच्छा के मेल से
694. (क) मौलिक और प्रायोगिक विज्ञान में शिक्षा को सर्वोच्च प्राथमिकता देने से
695. (ख) बीजों की उच्च उत्पादकता देनेवाले किस्मों के विकास पर ध्यान देकर
696. (ग) सौर ऊर्जा उत्पादन को
697. (घ) विज्ञान और तकनीकी के लाभ सामान्य जन; विशेषत: ग्रामीणों तक पहुँचें
698. (क) पुरा (प्रोविजन ऑफ अर्बन एमेनिटीज टू रूरल इंडिया)
699. (ख) सत्य और जीवन के यथार्थ की ओर
700. (ग) अध्यात्म के लिए जरूरी है

701. (घ) उसकी भौतिक उन्नति के लिए जरूरी है
702. (क) विज्ञान और ईश्वर दोनों पर विश्वास करना
703. (ग) टेरा फार्मिंग की जरूरत होगी
704. (ख) कोई संबंध नहीं है
705. (घ) विज्ञान है
706. (क) तकनीकी कहलाती है
707. (घ) बच्चों की रचना-शक्ति की बढ़ोतरी
708. (ग) रेवरेंड फादर रेक्टर
709. (क) आदर्श विद्यार्थी है
710. (घ) मतदाताओं का दायित्व है
711. (ग) हमारी शिक्षा-व्यवस्था
712. (ख) कोई संबंध नहीं है
713. (घ) विज्ञान है
714. (क) तत्कालीन प्रधानमंत्री राजीव गांधी ने
715. (ग) प्रो. सतीश धवन ने
716. (घ) प्रो. सतीश धवन ने
717. (ग) श्री शिवकामीनाथन
718. (घ) डॉ. कलाम को
719. (ख) एक गिलास दूध पीते हैं
720. (क) खबरें तथा शास्त्रीय संगीत
721. (घ) दक्षिण भारतीय भोजन
722. (ग) बहुत सम्मान के साथ
723. (क) डॉ. विक्रम साराभाई को
724. (ग) 'भारत रत्न' मिलते समय माता-पिता और गुरु विक्रम साराभाई नहीं रहे
725. (ख) टी.एन. शेषन
726. (घ) आपका संगठन भारतीय उद्योग क्षेत्र में सबसे आगे है, इसके पीछे क्या रहस्य है?
727. (क) कठिन परिश्रम, उपभोक्ता संतुष्टि और थोड़ी सी किस्मत
728. (घ) मेरे देश को विकसित राष्ट्र बना दो
729. (ख) कलाम-राजू कोरोनरी स्टेंट
730. (क) व्यास नदी स्नो एंड एवलैंच नामक डी.आर.डी.ओ. की प्रयोगशाला से होकर बहने लगी
731. (ख) इस मामले को लेकर वे प्रधानमंत्री से मिले
732. (ग) राष्ट्रीय रक्षा कोष के प्रबंध निकाय की विशेष बैठक बुलाई और 20 लाख रुपए मंजूर करवाए
733. (क) भारत में संयोजित पदार्थों के लिए
734. (घ) कार्बन-कार्बन फाइबर को इस्तेमाल करने के लिए त्रिवेंद्रम में पहला प्लांट स्थापित किया
735. (क) संयोजित पदार्थों से बना हुआ एक फ्लोर रिएक्शन ऑर्थोसिस (एफ.आर.ओ.)
736. (ग) जयपुर के डॉ. पी.के. सेठी ने
737. (ख) केवल 300 ग्राम
738. (घ) चाँदीपुर के नजदीकी शहर बालासोर में
739. (क) उसे ऑपरेशन के लिए तत्काल हैदराबाद के निजाम अस्पताल भिजवाया

740. (ख) डॉ. कलाम ने व्यक्तिगत रूप से
741. (घ) विज्ञान के भविष्य पर आयोजित परिचर्चा में
742. (ख) चिकित्सकीय देखभाल बनाम स्वास्थ्य देखभाल
743. (क) साफ पेयजल, अदूषित भोजन, स्वच्छ शौचालय
744. (ग) वे रामेश्वरम् में अपने गाँव के दृश्य में यही तसवीर साफ देख रहे थे
745. (क) कॉण्टिनेंटल एयरलाइन (अमेरिका)
746. (क) डी.डी.ए. खेल परिसर में
747. (ख) कलाम वॉकिंग ग्रुप
748. (ग) येलो हेवन ग्रुप
749. (घ) कलाम का समूह पार्क में एक विशिष्ट स्थान पर जाया करता था, जहाँ पेड़ पीले फूलों से लदे होते थे
750. (क) आकाश में उड़ते हुए तोतों को
751. (घ) मंदिर का पुनरुद्धार कर नियमित पूजा-पाठ की व्यवस्था की
752. (क) अवसर के अनुसार उपयुक्त दोहों का
753. (घ) उसे पर्याप्त स्वतंत्रता मिले और प्रभावी अधिकार दिए जाएँ
754. (ग) लेट अस मेक अवर ऑन एयरक्राफ्ट
755. (क) मिल साप्ताहिक 'आनंद विकटन' के संपादक देवन की ओर से
756. (ग) लाइट फ्रॉम मैनी लैंप्स (लेखक—लिलियन आइश्लर वाट्सन)
757. (क) अरुण तिवारी ने
758. (घ) जी. पिंग ने
759. (क) टर्निंग पॉइंट ऐ जर्नी थ्रू चैलेंजेज
760 (घ) उपर्युक्त सभी कारण अहम हैं
761. (ख) वे पहले गैर-यूरोपीय थे, जिन्हें साहित्य का नोबेल पुरस्कार दिया गया
762. (घ) अरुण तिवारी
763. (क) राष्ट्रपति भवन में हुई मुलाकातों एवं यात्राओं के दौरान
764. (ग) मुगल गार्डन स्थित अमरकुटी में
765. (घ) उन्होंने वार्त्तालापों की चिंतन प्रक्रिया का विस्तार करके उसे व्यवस्थित संवाद के रूप में प्रस्ततु किया।
766. (ग) जी. पिंग
767. (क) एक मटर के दाने जैसी
768. (ख) मनुष्य की बुद्धि पर इंद्रिय शक्ति की प्रबलता पर
769. (घ) कॉण्ट्रेक्ट मैनेजमेंट
770. (ख) डॉ. कलाम ने नई दिल्ली में
771. (ग) सन् 1955 में मनाली में व्यास नदी की धारा बदलने से हुई तबाही के बाद राहत प्रदान करने की
772. (घ) अधिकांश हिस्सा योग्य

स्वयंसेवी संस्थाओं को दान देते थे
773. (ख) मदर टेरेसा द्वारा स्थापित सिस्टर्स ऑफ चैरिटी
774. (घ) वह एक स्पेनिश गड़रिये की कहानी है, जो अपनी स्थिति से ऊँचे सपने देखता है
775. (घ) इंजीनियरिंग इनोवेशंस इन प्राणायाम
776. (घ) कविताओं व विचारों को वेब पर प्रकाशित किए जाने की
777. (क) www.abdulkalam.com
778. (ग) किसी एक व्यक्ति के लिए प्रचार की आवश्यकता नहीं
779. (घ) प्रेरणा तथा राष्ट्र-निर्माण
780. (ख) 15 अक्तूबर, 2000 को उनके 69वें जन्मदिवस पर
781. (क) तमिल मासिक पत्रिका 'छट्टी विकटन' में
782. (क) तमिल रूपांतरण का
783. (ख) सॉन्ग ऑफ यूथ (युवाओं का गान)
784. (ख) माई जर्नी
785. (ग) तमिल में
786. (ग) तकनीकी कहलाती है
787. (ग) पाँच लाख से अधिक
788. (ग) बचपन में की गई पर्याप्त तैयारी पर
789. (क) ज्ञान प्रदान करना
790. (ग) ज्ञान पर आधारित
791. (घ) नवीन खोज एवं नवाचार
792. (ख) नैनो टेक्नोलॉजी
793. (क) अक्तूबर 2004 में
794. (ग) अल्बर्ट आइंस्टीन
795. (घ) खतरों का सामना करके
796. (क) एमिला इअरहर्ट
797. (ख) जो जीवन में शांति बनाए रखने के लिए देनी पड़ती है
798. (ख) जिस कार्य को हम पसंद करते हैं, उसमें साहस की जरूरत नहीं होती
799. (ग) आशा का न होना
800. (ख) आपके पास जीवन का कोई उद्देश्य नहीं है
801. (घ) हर व्यक्ति के जीवन में सफल होने की संभावना होती है
802. (ख) हर इनसान को अवसर मिलता है
803. (क) सफल होने के नए-नए तरीके मिलते जाते हैं
804. (घ) पाठ पढ़ने के बाद
805. (ख) पाठ सीखने से पहले
806. (क) जो रोजमर्रा के कार्य से हटकर होते हैं
807. (ग) कुछ भी नहीं
808. (ख) काम करने और सोचने के तरीकों में बदलाव
809. (क) राजकोट के एल्फ्रेड हाई स्कूल में
810. (ख) महात्मा गांधी हाई स्कूल
811. (ग) सितंबर 2003 में
812. (घ) बिलकुल सामान्य
813. (ख) 100 में से 38
814. (क) नवीन विचार बड़े होकर पैदा होते हैं

815. (ख) उन्हें दस कर्तव्यों के निर्वहण की शपथ दिलाई
816. (क) हर संभावित घटना के लिए तैयार रहकर
817. (ख) एक ऐसा संसाधन, जिस पर हमारा कोई नियंत्रण नहीं
818. (ग) मन पर नियंत्रण कर विजय प्राप्त करनी चाहिए
819. (ग) इससे जीवन में एक लक्ष्य और उद्देश्य मिलता है
820. (क) इसके माध्यम से हम अपनी कोशिशों को अपने लक्ष्य एवं उद्देश्य की प्राप्ति के लिए उपयोग करते हैं
821. (घ) वह जो आज हम हैं
822. (ख) जो हम कल बनेंगे
823. (क) कठिन श्रम करने पर भाग्य भी हमारी सहायता करता है
824. (ग) उत्सुकता के साथ मेहनत जरूरी है
825. (क) सपने देखो, मेहनत करो और लगे रहो
826. (ग) जो आपको सुख और पूर्णता की भावना दे
827. (क) बच्चों की रचना-शक्ति की बढ़ोतरी
828. (ग) रेवरेंड फादर रेक्टर
829. (घ) आदर्श व्यक्ति है
830. (क) मतदाताओं का दायित्व है
831. (ख) हमारी शिक्षा व्यवस्था
832. (ग) व्यक्तिगत होता है
833. (क) एक जाग्रत् समाज की रचना
834. (ख) कोई अच्छा विद्यार्थी बनता है
835. (घ) वहाँ से निकले युवा छात्र ज्ञान आधारित समाज के अंग बनें और स्वयं अपने विकास के साथ राष्ट्रीय विकास में भी अपना योगदान दें।
836. (क) शिक्षा से
837. (घ) मंदिर-मसजिद को लेकर लड़ते हैं
838. (ग) सच्चरित्रता का मूल्य
839. (ख) सभी युवाओं को सच्चरित्र बनना चाहिए
840. (क) ताजमहल है
841. (ग) प्रजातंत्र के संचालन के लिए
842. (ख) भ्रष्टाचार बढ़ता है
843. (क) सांस्कृतिक मूल्य
844. (क) बुद्धिजीवियों का सामूहिक चिंतन होता है
845. (क) लोगों की एकता और उद्देश्य की एकता
846. (घ) हमारी पराजयवादी मनोवृत्ति
847. (ख) कोई ऐसा काम, जिसके लिए खुद को याद करवाना पसंद किया जाए
848. (ख) अपने प्रति ईमानदार रहकर दूसरों के प्रति करुणा की भावना रखना
849. (क) लगभग 5 प्रतिशत की
850. (ग) अगले 40 वर्षों में
851. (ख) मध्य व दक्षिण एशियाई देशों के अलावा रूस, अफ्रीका, दक्षिण अमेरिका से
852. (घ) जल
853. (ग) कील यूनिवर्सिटी और

बिलिंगफोर्ड स्थित इंस्टीट्यूट ऑफ हाइड्रोलॉजी

854. (ख) एक सौवाँ

855. (घ) इतने गुणों के बावजूद स्वयं पर अभिमान न करना

856. (ख) प्रतिष्ठित कॉलेज में प्रवेश पाने पर

857. (ग) समाज के लिए

858. (क) ब्रह्मांड किसी निश्चित प्रयोजन के बिना न तो बना है, न ही चल रहा है

859. (ग) महानाटक के पात्र की तरह

860. (ग) हम सदैव इस उम्मीद में रहते हैं कि दुनिया-समाज में होनेवाला प्रत्येक कार्य हमारे अनुकूल हो

861. (ख) सही दिशा में कठोर श्रम और अनुशासन की

862. (ग) जीवन के संबंध में हम जो अनुभूति करते हैं, वही कुल मिलाकर हमारा जीवन है

863. (घ) आपने अपने वे पंख नोच फेंके, जो आपको वस्तुतः स्वर्ग तक उड़ने के लिए दिए गए थे

864. (ख) वह व्यक्ति किसी भी तरह स्वतंत्र नहीं है

865. (ख) दूरदर्शिता तात्कालिक उद्देश्यों व लक्ष्यों से कहीं आगे अंतिम परिणाम पर होती है

866. (क) विफलता सफलता की सीढ़ी होती है

867. (ग) सुबह की सैर, प्रार्थना, योगासन

868. (घ) सिर पर नारियल तेल की मालिश

869. (घ) 1996 के क्रिकेट विश्व कप के क्वार्टर फाइनल में पाकिस्तान को हराकर भारत के विजयी होने पर

870. (ग) मॉस्को जा रहे थे

871. (क) कलाम ने बधाई दी कि भारत ने मैच जीत लिया

872. (घ) उन्होंने उस मैच का जीवंत वर्णन किया

873. (क) हैदराबाद में अपने ड्राइवर के बच्चे के लिए

874. (ख) बेईमानी और छल होने पर

875. (ग) जब वरिष्ठ अधिकारी अपने अधीनस्थों को नीचा दिखाते हैं

876. (घ) रक्षा सचिव के अनुसार बैठक में कलाम हर तरह के झटकों को झेल जाते थे

877. (घ) 13 जून, 2001 को अहमदाबाद में स्वामीनारायण के संस्थान से

878. (ग) सितंबर 2001 में

879. (ख) 2 अक्तूबर, 2001

880. (ख) 6 अक्तूबर, 2001 को

881. (ग) 3 फरवरी, 2002 को

882. (ग) दोस्ती कायम करने का तरीका

883. (ग) झगड़े का हथियार बना डालते हैं

884. (घ) मेरिफत

885. (ख) ज्ञानोदय

886. (क) अंतर्ज्ञान
887. (ग) सितंबर 2005 में
888. (घ) नामग्याल मोनेस्टरी
889. (ख) सितंबर 2006 में
890. (ग) तिरुचिरापल्ली के सेंट जोसफ कॉलेज में
891. (घ) जैसे कृषि में पौधों का विकास किया जाता है, वैसे ही शिक्षा से व्यक्ति का विकास होता है
892. (ख) तीन प्रकार की
893. (क) विद्या में
894. (घ) मूलभूत स्तर पर आते
895. (क) जिद्दी स्वभाव का
896. (ख) एक-चौथाई लोग
897. (ग) साहस की
898. (क) भारतीय अध्यात्म का
899. (घ) मनुष्य को ब्रह्मांड से
900. (ग) इस विश्वास के साथ जीना कि कुछ भी अकारण नहीं होता
901. (क) जीवन अपने आप बहुत सी चीजें सिखाता है
902. (ख) यह संभावना कि हम गलत हो सकते हैं
903. (घ) युवाओं के मन-मस्तिष्क को जगाना
904. (ग) अप्रैल 2007 में
905. (क) श्रीश्री शिवकुमार स्वामीजी का सौवाँ जन्मदिवस समारोह मनाया जा रहा था
906. (ख) फरवरी 2006 में
907. (ख) बेंगलुरु के पास जाक्कुर हवाई पट्टी पर
908. (क) 100 देशों से करीब 20 लाख लोग
909. (घ) सभ्य होने की प्रक्रिया
910. (ख) सही
911. (ग) गलत
912. (ख) आदर करना
913. (क) सन् 1997 में
914. (क) योजना आयोग के सदस्य डॉ. के. वेंकटसुब्रमण्यम को
915. (ग) संघर्ष करना, तलाश करना, खोजना और लाभ न उठाना
916. (ख) भारत के पूर्व राष्ट्रपति श्री आर. वेंकटरमन ने
917. (ग) सूर्यास्त की नमाज का वक्त
918. (ख) मगरिब के समय खलीफा ने गिरजाघर की बजाय बाहर ही नमाज अदा की, ताकि उनके समर्थक उसे मसजिद बनाने पर न उतारू हो जाएँ
919. (घ) वे धर्मनिरपेक्षता के साकार रूप हैं
920. (ख) मनुष्यों की समानता के आधारभूत सिद्धांत पर
921. (ग) गहरी प्रतिबद्धता व समर्पण से
922. (ग) नवंबर 2002 में
923. (घ) डेवलप्ड इंडिया फाउंडेशन
924. (क) किसानों को
925. (घ) दो नए क्षेत्रों को मिलाकर
926. (ख) फ्लोर रिएक्शन प्रोस्थॉसिस का
927. (ग) पोलियो से पीड़ित बच्चा आसानी से चल सकता है
928. (क) केरल के कोट्टायम में

929. (ग) नेतृत्व कौशल के गुण को
930. (ख) सितंबर 2006 में
931. (क) छात्र प्रथम विकल्प के तौर पर विज्ञान की पढ़ाई में कम ही आ रहे हैं
932. (घ) सन् 1983 में
933. (ग) सत्य पर आधारित आचरण
934. (ख) लगभग 10 प्रतिशत
935. (घ) लगभग 90 प्रतिशत
936. (ग) जवाहरलाल नेहरू स्मृति व्याख्यान देने के लिए
937. (घ) सितंबर 1989 में
938. (घ) डॉक्टर ऑफ साइंस
939. (क) नेल्सन मंडेला को
940. (ख) राजा रमन्ना ने
941. (घ) डॉक्टर ऑफ साइंस
942. (ख) मार्च 2002 में
943. (ख) सन् 1993 में
944. (क) तत्कालीन प्रधानमंत्री पी.वी. नरसिम्हा राव ने
945. (घ) अपनी उम्र बासठ वर्ष होने की बात कही
946. (ख) मैं तो बहत्तर वर्ष का हो गया हूँ
947. (ग) 17 भाषाओं का
948. (ख) 13 मार्च, 2006 को
949. (ख) 26 नवंबर, 2002 को
950. (क) 9 दिसंबर, 2006 को
951. (घ) 2 फरवरी, 2006 को
952. (घ) विज्ञान व तकनीक के क्षेत्र में
953. (घ) 11 अक्तूबर, 2006 को
954. (क) यूक्लिड ज्यामितीय सिद्धांतों की सहायता से
955. (ख) राइमन ज्यामिति का
956. (ग) 12 विश्वविद्यालयों और 30 रक्षा प्रयोगशालाओं को
957. (ग) फरवरी 2000 में
958. (क) उत्पादन सुविधाओं का निर्माण और विकास प्रक्रिया के दौरान ही उनका इस्तेमाल किया गया
959. (घ) किसी उत्पाद पर उपयोगकर्ताओं की सहमति के बाद उत्पादन में विलंब की समस्या को दूर करने के लिए
960. (ग) 5 जुलाई, 2006 को
961. (क) उनके मित्र श्री कोटा हरिनारायण
962. (ख) भारतीय हलके लड़ाकू विमान विकास परियोजना के प्रमुख रह चुके थे
963. (क) विद्यालय के विशिष्ट व पूर्व छात्र थे
964. (ख) श्रीनिवास रामानुजन से
965. (क) कपड़े की दुकान में मुनीम का काम
966. (ग) मात्र 12 साल में
967. (ख) केवल 33 वर्ष (1887-1920)
968. (ग) हरेक पूर्ण संख्या रामानुजन की व्यक्तिगत मित्र थी
969. (क) भौतिकी व रसायनशास्त्र में मेरी क्यूरी को
970. (घ) सन् 1903 में भौतिकी में विकिरण विषय पर संयुक्त रूप से
971. (क) सन् 1911 में रेडियम व

पोलोनियम की खोज के लिए

972. (क) सन् 1935 में रसायन विज्ञान में
973. (ख) बच्चा
974. (ख) आर्यभट को
975. (क) आर्यभट ने 'शून्य' का आविष्कार करके पूरी दुनिया को बड़ी सौगात दी थी
976. (ग) आर्यभटीयम् में
977. (ख) 118 पद
978. (घ) यही उनके प्रति देश की सच्ची श्रद्धांजलि थी
979. (क) नियमबद्ध तरीके से
980. (ग) वे ऐसे प्रथम व्यक्ति हैं, जिन्होंने ब्रह्मांड का अपने तार्किक दृष्टिकोण से निरीक्षण किया
981. (क) आइंस्टीन में
982. (घ) 14 साल
983. (ग) द वीकली हेरॉल्ड
984. (ख) 10 डॉलर
985. (क) सन् 1903 में
986. (ग) द ग्रेट ट्रेन रॉबरी
987. (घ) भारतीय विज्ञान के विस्मयकारी उत्थान के
988. (क) सन् 1917 में
989. (ख) करीब 1,800
990. (ग) सन् 1933 से 1970 तक मृत्युपर्यंत
991. (घ) महालेखाकार, कलकत्ता के कार्यालय से
992. (घ) सन् 1948 में व्यक्तिगत कोष से
993. (ग) वाइस एडमिरल बी. भूषण ने
994. (घ) सन् 1973-74 में
995. (क) नवंबर 1997 में
996. (ख) 2 दिसंबर, 1998 को
997. (क) एक दशक तक
998. (घ) डी.आर.डी.एल., हैदराबाद में
999. (क) रूस के गणितज्ञ कोंस्तेतिन तिस्लोकोस्की ने
1000. (घ) टेसी थॉमस

□□□